市政道路工程施工技术人员必备口袋丛书

安 全 员

上海公路桥梁（集团）有限公司
上海市建筑施工行业协会工程质量安全专业委员会　编

顾问　黄忠辉
主编　相益锋　王　康
主审　潘延平　顾鲁孚　薛　强

中国建筑工业出版社

图书在版编目（CIP）数据

安全员/上海公路桥梁（集团）有限公司，上海市建筑施工行业协会工程质量安全专业委员会编.—北京：中国建筑工业出版社，2015.8
（市政道路工程施工技术人员必备口袋丛书）
ISBN 978-7-112-18186-5

Ⅰ.①安… Ⅱ.①上… ②上… Ⅲ.①市政工程—道路工程—工程施工—安全技术 Ⅳ.①U415.12

中国版本图书馆 CIP 数据核字（2015）第 122406 号

市政道路工程施工技术人员必备口袋丛书
安　全　员
上海公路桥梁（集团）有限公司
上海市建筑施工行业协会工程质量安全专业委员会　编
顾问　黄忠辉
主编　相益锋　王　康
主审　潘延平　顾鲁孚　薛　强

*

中国建筑工业出版社出版、发行（北京西郊百万庄）
各地新华书店、建筑书店经销
北京永峥排版公司制版
北京同文印刷有限责任公司印刷

*

开本：850×1168 毫米　1/64　印张：4⅞　字数：151 千字
2015 年 9 月第一版　2015 年 9 月第一次印刷
定价：**15.00** 元
ISBN 978-7-112-18186-5
（27417）

本书编委

编制前言

《市政道路工程施工技术人员必备口袋丛书·安全员》以城镇道路施工安全管理为主，采用国家、行业颁布的现行标准、规范、安全操作规程，结合城镇道路施工工艺流程、施工技术，阐述城镇道路施工安全管理要求。

本书主要内容包括：安全生产管理、安全生产法律法规、生产安全事故及应急管理、城镇道路施工安全基本要求、城镇道路路基施工安全技术要求、城镇道路路基施工安全技术要求、城镇道路基层、面层施工安全技术要求、城镇道路附属构筑物施工安全技术要求、城镇道路主要施工机械安全操作规程、施工临时用电、施工现场消防安全管理、施工现场文明施工管理、季节性施工注意事项、城镇道路施工主要危险源及管理要点等。全书采用国家、行业和企业颁布的现行标准、规范和规程，编写力求叙述简明、使用便捷。

本书可供城镇道路工程施工专职安全生产管理人员，尤其是刚刚踏上工作岗位的大中专毕业生使用。

目　　录

1 安全生产管理

1.1 安全生产基本概念

1.1.1 安全生产的概念

所谓"安全生产"，就是指在生产经营活动中，为了避免造成人员伤害和财产损失的事故而采取相应的事故预防和控制措施，以保证生产经营活动得以顺利进行的相关活动。

1.1.2 安全生产方针

安全第一、预防为主、综合治理。

1.1.3 我国的安全生产管理体制

企业全面负责、行业管理、国家监察、群众监督，劳动者遵章守纪。

1.1.4　我国的安全生产工作格局

政府统一领导，部门依法监管，企业全面负责，群众参与监督，全社会广泛支持。

1.2　建筑施工行业安全管理

1.2.1　建筑施工生产的特点

建筑施工的特点主要由建筑产品的特点所决定。和其他工业产品相比较，建筑产品具有体积庞大、复杂多样、整体难分、不易移动等特点，从而使建筑施工除了一般工业生产的基本特性外，还具有下述主要特点：

（1）生产的流动性。一是施工机构随着建筑物或构筑物坐落位置变化而整体转移生产地点；二是在一个工程的施工过程中施工人员和各种机械、电气设备随着施工部位的不同而沿着施工对象上下左右流动，不断转移操作场所。

（2）产品的形式多样。建筑物因其所处的自然条件和用途的不同，工程的结构、造型和材料亦不同，施工方法必将随之变化，很难实现标准化。

（3）施工技术复杂。建筑施工常需要根据建筑结构情况进行多工种配合作业，多单位（土石方、土建、吊装、安装、运输等）交叉配合施工，所用的物资和设备种类繁多，因而施工组织和施工技术管理的要求较高。

（4）露天和高处作业多。建筑产品的体形庞大、生产周期长，施工多在露天和高处进行，常常受到自然气候条件的影响。

（5）机械化程度低。目前我国建筑施工机械化程度还很低，仍要依靠大量的手工操作。

1.2.2 主管部门对施工现场的监督检查

（1）建设行政主管部门对工程项目开工前的安全生产条件审查

在颁发项目施工许可证前，建设单位或建设单位委托的监理单位，应当审查施工企业和现场各项安全生产条件是否符合开工要求，并将审查结果报送工程所在地建设行政主管部门。建设行政主管部门对审查结果进行复查。必要时，到工程项目施工现场进行抽查。

审查的主要内容是：施工企业和工程项目安全生产责任体系、制度、机构建立情况，安全监管人员配备情况，各项安全施工措施与项目施工特点结合情况，现场文明施工、安全防护和临时设施等情况。

（2）建设行政主管部门对工程项目开工后的安全生产监管

1）工程项目各项基本建设手续办理情况、有关责任主体、人员的资质和执行资格情况；

2）施工、监理单位等各方主体履行安全生产监管职责情况；

3）施工现场实体防护情况，施工单位执行安全生产法律、法规和标准规范情况；

4）施工现场文明施工情况；

5）其他有关事项。

1.3　企业安全生产管理

安全生产管理机构是指建筑施工企业设置的负责安全生产管理工作的独立职能部门。

建筑施工企业应当依法设置安全生产管理机构，在企业主要负责人的领导下开展本企业的安全生产管理工作。

建筑施工企业安全生产管理机构具有以下职责：

（1）宣传和贯彻国家有关安全生产法律法规和

标准；

（2）编制并适时更新安全生产管理制度并监督实施；

（3）组织或参与企业生产安全事故应急救援预案的编制及演练；

（4）组织开展安全教育培训与交流；

（5）协调配备项目专职安全生产管理人员；

（6）制订企业安全生产检查计划并组织实施；

（7）监督在建项目安全生产费用的使用；

（8）参与危险性较大工程安全专项施工方案专家论证会；

（9）通报在建项目违规违章查处情况；

（10）组织开展安全生产评优评先表彰工作；

（11）建立企业在建项目安全生产管理档案；

（12）考核评价分包企业安全生产业绩及项目安全生产管理情况；

（13）参加生产安全事故的调查和处理工作；

（14）企业明确的其他安全生产管理职责。

1.4　专职安全生产管理人员配备

专职安全生产管理人员是指经建设主管部门或者其他有关部门安全生产考核合格取得安全生产考

核合格证书,并在建筑施工企业及其项目从事安全生产管理工作的专职人员。

1.4.1 建筑施工企业

建筑施工企业安全生产管理机构专职安全生产管理人员的配备应满足下列要求,并应根据企业经营规模、设备管理和生产需要予以增加:

(1)建筑施工总承包资质序列企业:特级资质不少于6人;一级资质不少于4人;二级和二级以下资质企业不少于3人。

(2)建筑施工专业承包资质序列企业:一级资质不少于3人;二级和二级以下资质企业不少于2人。

(3)建筑施工劳务分包资质序列企业:不少于2人。

(4)建筑施工企业的分公司、区域公司等较大的分支机构(以下简称分支机构)应依据实际生产情况配备不少于2人的专职安全生产管理人员。

1.4.2 建设工程项目

总承包单位配备项目专职安全生产管理人员应当满足下列要求:

（1）建筑工程、装修工程按照建筑面积配备：

1）1万 m^2 以下的工程不少于1人；

2）1万~5万 m^2 的工程不少于2人；

3）5万 m^2 及以上的工程不少于3人，且按专业配备专职安全生产管理人员。

（2）土木工程、线路管道、设备安装工程按照工程合同价配备：

1）5000万元以下的工程不少于1人；

2）5000万~1亿元的工程不少于2人；

3）1亿元及以上的工程不少于3人，且按专业配备专职安全生产管理人员。

采用新技术、新工艺、新材料或致害因素多、施工作业难度大的工程项目，项目专职安全生产管理人员的数量应当根据施工实际情况适当增加。

1.4.3　分包工程项目

分包单位配备项目专职安全生产管理人员应当满足下列要求：

（1）专业承包单位应当配置至少1人，并根据所承担的分部分项工程的工程量和施工危险程度增加。

（2）劳务分包单位施工人员在50人以下的，

应当配备 1 名专职安全生产管理人员；50～200 人的，应当配备 2 名专职安全生产管理人员；200 人及以上的，应当配备 3 名及以上专职安全生产管理人员，并根据所承担的分部分项工程施工危险实际情况增加，不得少于工程施工人员总人数的 5‰。

（3）施工作业班组可以设置兼职安全巡查员，对本班组的作业场所进行安全监督检查。

1.5 安全生产责任制

1.5.1 企业安全生产领导小组的主要职责

（1）贯彻落实国家有关安全生产法律法规和标准；

（2）组织制定项目安全生产管理制度并监督实施；

（3）编制项目生产安全事故应急救援预案并组织演练；

（4）保证项目安全生产费用的有效使用；

（5）组织编制危险性较大工程安全专项施工方案；

（6）开展项目安全教育培训；

（7）组织实施项目安全检查和隐患排查；

（8）建立项目安全生产管理档案；

（9）及时、如实报告安全生产事故。

1.5.2 企业专职安全生产管理人员主要安全职责

建筑施工企业安全生产管理机构专职安全生产管理人员在施工现场检查过程中承担以下职责：

（1）查阅在建项目安全生产有关资料、核实有关情况；

（2）检查危险性较大工程安全专项施工方案落实情况；

（3）监督项目专职安全生产管理人员履责情况；

（4）监督作业人员安全防护用品的配备及使用情况；

（5）对发现的安全生产违章违规行为或安全隐患，有权当场予以纠正或作出处理决定；

（6）对不符合安全生产条件的设施、设备、器材，有权当场作出查封的处理决定；

（7）对施工现场存在的重大安全隐患有权越级报告或直接向建设主管部门报告。

（8）企业明确的其他安全生产管理职责。

1.5.3 总承包、分包单位的主要安全职责

建设工程实行施工总承包的，由总承包单位对施工现场的安全生产负总责。

（1）总承包单位依法将建设工程分包给其他单位的，分包合同中应当明确各自的安全生产方面的权利、义务。

（2）总承包单位和分包单位对分包工程的安全生产承担连带责任。

（3）分包单位应当服从总承包单位的安全生产管理，分包单位不服从管理导致生产安全事故的，由分包单位承担主要责任。

1.5.4 项目专职安全生产管理人员主要安全职责

（1）负责施工现场安全生产日常检查并做好检查记录；

（2）现场监督危险性较大工程安全专项施工方案实施情况；

（3）对作业人员违规违章行为有权予以纠正或查处；

（4）对施工现场存在的安全隐患有权责令立即

整改；

（5）对于发现的重大安全隐患，有权向企业安全生产管理机构报告；

（6）依法报告生产安全事故情况。

1.5.5 生产作业人员的安全职责

生产作业人员的安全职责主要有：

（1）认真学习并严格执行安全技术操作规程，自觉遵守安全生产规章制度；

（2）积极参加安全活动，认真执行安全交底，不违章作业，服从安全人员的指导；

（3）发扬团结友爱精神，在安全生产方面做到互相帮助、互相监督；对新工人要积极传授安全生产知识；维护一切安全设施和防护用具，做到正确使用，不准拆改；

（4）对不安全作业要敢于提出意见，并有权拒绝违章指令；

（5）发生伤亡和未遂事故，要保护现场并立即上报。

1.6 安全教育培训

1.6.1 培训时间

建设部规定了"建筑业企业职工每年必须接受一次专门的安全培训"的具体要求，并规定了培训对象与培训时间（表1-1）

培训对象与培训时间　　　表1-1

	培训对象	每年接受安全培训的时间不得少于
1	企业法定代表人、项目经理	30 学时
2	专职安全生产管理人员	40 学时
3	其他管理人员、技术人员	20 学时
4	特种作业人员	20 学时
5	企业其他职工	15 学时
6	待岗、转岗、职工重新上岗	（每次）20 学时

1.6.2 对安管人员的教育培训

安管人员：施工企业主要负责人、项目负责人和专职安全生产管理人员。

企业主要负责人，是指对本企业生产经营活动和安全生产工作具有决策权的领导人员。项目负责人，是指取得相应注册执业资格，由企业法定代表人授权，负责具体工程项目管理的人员。专职安全生产管理人员，是指在企业专职从事安全生产管理工作的人员，包括企业安全生产管理机构的人员和工程项目专职从事安全生产管理工作的人员。

施工企业法定代表人是企业安全生产的第一责任人，项目经理是施工项目安全生产的第一责任人，专职安全管理人员对本单位安全生产负直接管理责任。应根据有关法律法规对建筑施工企业三类人员实施安全生产考核管理，从安全生产管理的角度来增加这些人员的任职资格条件，与《安全生产许可证条例》的有关要求结合起来。

通过对施工企业主要负责人、项目负责人和专职安全管理人员的安全教育，提高他们的安全管理水平，使他们真正从思想上树立起安全生产意识，增强安全生产责任心，摆正安全与生产、安全与进度、安全与效益的关系，保证安全生产管理要求落实到实处。

1.6.3 对从业人员的教育培训

作业人员进入新的岗位或者新的施工现场前，以及采用新技术、新工艺、新设备、新材料时，施工单位应当对从业人员进行安全生产教育培训。未经教育培训或者教育培训考核不合格的人员，不得上岗作业。

对新工人实行"三级"安全教育：

新工人包括新招收的合同工、临时工、学徒工、实习生和代培人员。所谓"三级"一般是指公司、项目体（或工程处、工区）、班组这三级。

公司教育即新工人到公司后由安全技术部门进行安全知识教育后分配到项目体；项目部教育由项目经理或主管安全的负责人负责，再分配到班组；班组教育由班组长或班组安全员负责，进行实际操作安全技术教育。

施工单位对职工进行教育培训后要进行考试，并对职工的教育情况进行登记，建立档案。给每一名作业人员建立劳动保护教育卡，记录三级教育、变换工种教育等教育考核情况，并由教育者和受教育者双方签字后入册。

1.6.4　对特种作业人员的教育培训

特种作业，是指容易发生事故，对操作者本人、他人的安全健康及设备、设施的安全可能造成重大危害的作业。特种作业的范围由特种作业目录规定。特种作业人员，是指直接从事特种作业的从业人员。

特种作业人员必须经专门的安全技术培训并考核合格，取得《中华人民共和国特种作业操作证》（以下简称特种作业操作证）后，方可上岗作业。特种作业人员应当接受与其所从事的特种作业相应的安全技术理论培训和实际操作培训。

特种作业人员的安全技术培训、考核、发证、复审工作实行统一监管、分级实施、教考分离的原则。

特种作业操作证有效期为 6 年，在全国范围内有效。特种作业操作证由安全监管总局统一式样、标准及编号。特种作业操作证每 3 年复审 1 次。特种作业人员在特种作业操作证有效期内，连续从事本工种 10 年以上，严格遵守有关安全生产法律法规的，经原考核发证机关或者从业所在地考核发证机关同意，特种作业操作证的复审时间可以延长至每6年1次。特种作业操作证申请复审或者延期复审前，特种作业人员应当参加必要的安全培训并考试合格。

安全培训时间不少于8个学时，主要培训法律、法规、标准、事故案例和有关新工艺、新技术、新装备等知识。

1.6.5 安全教育的内容

1.6.5.1 教育培训的主要内容

（1）安全生产的重要意义，国家有关安全生产的法律法规；

（2）施工现场的特点及危险因素；

（3）施工单位的有关规章制度，安全技术操作规程；

（4）机械设备和电气设备安装及高处作业的安全基础知识；

（5）防火、防毒、防尘、防爆知识以及紧急情况安全处置和安全疏散知识；

（6）防护用品的使用知识；

（7）生产安全事故时自救、排险、抢救伤员、保护现场和及时报告等；

（8）对转场的职工进行安全教育培训。

1.6.5.2 安全法制教育

安全法制教育就是进行安全生产方面的法律、法规的宣传教育，使每个职工从法制的角度去认识搞好安全生产的重要性，要通过学法、知法来守法，要使每个劳动者自己不违章违纪，也要同一切违章违纪和违法的不安全行为作斗争。

1.6.5.3 安全思想教育

安全思想教育就是通过教育，从政治高度来对待安全生产工作，使每个职工都清醒地认识到，安全生产是一项关系到国家经济发展、社会稳定、企业兴旺和家庭及个人幸福的大事。

1.6.5.4 安全知识教育

安全知识教育的主要内容是：本企业生产的基本情况，施工流程及施工方法，施工中的主要危险区域及安全防护的基本常识，施工设施、设备、机械的有关安全常识，电气设备安全常识，车辆运输安全常识，高处作业安全知识，施工过程中有毒有害物质的辨别及防护知识，防火安全的一般要求及常用消防器材的使用方法，特殊类专业（如桥梁、隧道、深基础、异形建筑等）施工的安全防护知识，工伤事故的简易施救方法和报告程序及保护事故现场等规定，个人劳动防护用品的正确穿戴、使用常识等。

1.6.5.5　安全技能教育

安全技能教育是在安全知识教育的基础上，进一步开展的特殊安全教育。安全技能教育的侧重点在安全操作技术方面，是通过结合本工种特点、要求，以培养安全操作能力而进行的一种专业安全技术教育。主要内容包括安全技术、安全操作规程和劳动卫生规定等。

1.6.5.6　事故案例教育

事故案例教育是通过一些典型事故，进行原因分析、事故教训总结及预防事故发生所采取措施的讲解，来教育职工引以为戒。事故案例教育是一种独特的安全教育方法，它是通过运用反面事例，进行正面宣传，以教育职工遵章守纪，确保安全生产。

1.6.6　安全教育的分类

1.6.6.1　经常性的安全教育

经常性的安全教育是施工现场开展安全教育的主要形式，可以利用班组会议进行，还可以采取如安全知识竞赛、演讲、展览、黑板报、广播、播放录像等进行。要做到因地制宜，因材施教，不摆花架子，不搞形式主义，注重实效。

经常性的安全教育可以提醒、告诫职工遵章守纪，加强责任心，消除麻痹思想。

经常性的安全教育必须做到经常化（规定一定的期限）、制度化（作为企业、项目安全管理的一项重要制度）。教育的内容要突出一个"新"字，要结合当前工作的最新要求进行教育；要做到一个"实"字，要使教育不流于形式，注重实际效果；要体现一个"活"字，要把安全教育搞成活泼多样、内容丰富的一种安全活动。

1.6.6.2 季节性施工的安全教育

季节性施工主要是指夏季施工与冬期施工。季节性施工的安全教育，主要是指根据季节变化，环境不同，对安全管理工作进行重新调整和组合，同时，对职工进行有针对性的安全教育，使之适合自然环境的变化，以确保安全生产。

（1）夏季施工安全教育

夏季高温、炎热、多雷雨，是触电、雷击、坍塌等事故的高发期。闷热的气候容易造成中暑，高温使得职工夜间休息不好，打乱了人体的"生物钟"，往往容易使人乏力、走神、瞌睡，较易引起伤亡事故。南方沿海地区在夏季还经常受到台风暴雨和大潮汛的影响，也容易发生大型施工机械设备倾覆及施工区域特别是基坑等的坍塌。多雨潮湿的环境，人的衣着单薄，身体裸露部位多，使人的电阻值减小，导电电流增加，容易引发触电事故。

（2）冬期施工安全教育

冬期气候干燥、寒冷且常常伴有大风，受北方寒流影响，施工区域出现霜冻，造成作业面及道路结冰打滑，既影响生产的正常进行，又给安全带来隐患；同时，为了施工需要和取暖，使用明火、接触易燃易爆物品的机会增多，又容易发生火灾、爆炸和中毒事故；寒冷使人们衣着笨重、动作不灵敏，也容易发生事故。

1.6.6.3 节假日加班的安全教育

节假日期间，大部分单位及职工已经放假休息，因此也往往影响到加班职工的思想和工作情绪，造成思想不集中，注意力分散，这给安全生产带来不利因素。加强对这部分职工的安全教育，是非常必要的。

1.6.7 安全教育的形式

（1）会议形式。如安全知识讲座、座谈会、报告会、先进经验交流会、事故教训现场会、展览会、知识竞赛。

（2）报刊形式。订阅安全生产方面的书报杂志、企业自编自印的安全刊物及安全宣传小册子。

（3）展挂形式。如安全宣传横幅、标语、标志、图片、黑板报等。

（4）音像制品。如电视录像片、录音磁带等。

（5）网络形式。如 QQ、微信、微博、手机彩信等在线网络媒体等。

1.7 安全技术管理

根据《建筑施工安全技术统一规范》（GB 50870—2013），建筑施工企业安全技术管理应包括危险源识别，安全技术措施和专项方案的编制、审核、交底、过程监督、验收、检查、改进等工作内容。应当在施工组织设计中编制安全技术措施和施工现场临时用电方案；对危险性较大分部分项工程，编制专项安全施工方案；对其中超过一定规模的应按规定组织专家论证。

1.7.1 建筑施工危险等级划分

根据发生生产安全事故可能产生的后果，将建筑施工危险等级划分为Ⅰ、Ⅱ、Ⅲ级。建筑施工危险等级系数取值详见表1-2。

建筑施工危险等级系数　　　表1-2

危险等级	事故后果	危险等级系数
Ⅰ	很严重	1.10
Ⅱ	严重	1.05
Ⅲ	不严重	1.00

1.7.2　安全技术措施

建筑施工安全技术措施应按危险等级分级控制，并应符合下列规定：

（1）Ⅰ级：编制专项施工方案和应急救援预案，组织技术论证，履行审核、审批手续，对安全技术方案内容进行技术交底、组织验收，采取监测预警技术进行全过程监控。

（2）Ⅱ级：编制专项施工方案和应急救援措施，履行审核、审批手续，进行技术交底、组织验收，采取监测预警技术进行局部或分段过程监控。

（3）Ⅲ级：制定安全技术措施并履行审核、审批手续，进行技术交底。

对于施工过程中的关键环节和特殊部位应重点控制。各分部分项工程、各工序应按相应专业技术标准进行安全技术控制；对关键环节、特殊环节、采用新技术或新工艺的环节，应提高一个危险等级进行安全技术控制。

1.7.3 专项方案

专项方案编制应当包括以下内容

（1）工程概况：危险性较大的分部分项工程概况、施工平面布置、施工要求和技术保证条件。

（2）编制依据：相关法律、法规、规范性文件、标准、规范及图纸（国标图集）、施工组织设计等。

（3）施工计划：包括施工进度计划、材料与设备计划。

（4）施工工艺技术：技术参数、工艺流程、施工方法、检查验收等。

（5）施工安全保证措施：组织保障、技术措施、应急预案、监测监控等。

（6）劳动力计划：专职安全生产管理人员、特种作业人员等。

（7）计算书及相关图纸。

1.7.4 危险性较大的分部分项工程

（1）基坑支护、降水工程

开挖深度超过 3m（含 3m）或虽未超过 3m 但地质条件和周边环境复杂的基坑（槽）支护、降水工程。

（2）土方开挖工程

开挖深度超过 3m（含 3m）的基坑（槽）的土方开挖工程。

（3）模板工程及支撑体系

1）各类工具式模板工程：包括大模板、滑模、爬模、飞模等工程。

2）混凝土模板支撑工程：搭设高度 5m 及以上；搭设跨度 10m 及以上；施工总荷载 $10kN/m^2$ 及以上；集中线荷载 $15kN/m^2$ 及以上；高度大于支撑水平投影宽度且相对独立无联系构件的混凝土模板支撑工程。

3）承重支撑体系：用于钢结构安装等满堂支撑体系。

（4）起重吊装及安装拆卸工程

1）采用非常规起重设备、方法，且单件起吊重量在 10kN 及以上的起重吊装工程。

2）采用起重机械进行安装的工程。

3）起重机械设备自身的安装、拆卸。

（5）脚手架工程

1）搭设高度24m及以上的落地式钢管脚手架工程。

2）附着式整体和分片提升脚手架工程。

3）悬挑式脚手架工程。

4）吊篮脚手架工程。

5）自制卸料平台、移动操作平台工程。

6）新型及异型脚手架工程。

（6）拆除、爆破工程

1）建筑物、构筑物拆除工程。

2）采用爆破拆除的工程。

（7）其他

1）建筑幕墙安装工程。

2）钢结构、网架和索膜结构安装工程。

3）人工挖扩孔桩工程。

4）地下暗挖、顶管及水下作业工程。

5）预应力工程。

6）采用新技术、新工艺、新材料、新设备及尚无相关技术标准的危险性较大的分部分项工程。

1.7.5 应当组织专家组进行论证审查的工程

超过一定规模的危险性较大的分部分项工程专项方案应当由施工单位组织召开专家论证会。实行施工总承包的，由施工总承包单位组织召开专家论证会。

超过一定规模的危险性较大的分部分项工程范围：

（1）深基坑工程

1）开挖深度超过 5m（含 5m）的基坑（槽）的土方开挖、支护、降水工程。

2）开挖深度虽未超过 5m，但地质条件、周围环境和地下管线复杂，或影响毗邻建筑（构筑）物安全的基坑（槽）的土方开挖、支护、降水工程。

（2）模板工程及支撑体系

1）工具式模板工程：包括滑模、爬模、飞模工程。

2）混凝土模板支撑工程：搭设高度 8m 及以上；搭设跨度 18m 及以上，施工总荷载 15kN/m² 及以上；集中线荷载 20kN/m² 及以上。

3）承重支撑体系：用于钢结构安装等满堂支撑体系，承受单点集中荷载 700kg 以上。

（3）起重吊装及安装拆卸工程

1）采用非常规起重设备、方法，且单件起吊重量在100kN及以上的起重吊装工程。

2）起重量300kN及以上的起重设备安装工程；高度200m及以上内爬起重设备的拆除工程。

（4）脚手架工程

1）搭设高度50m及以上落地式钢管脚手架工程。

2）提升高度150m及以上附着式整体和分片提升脚手架工程。

3）架体高度20m及以上悬挑式脚手架工程。

（5）拆除、爆破工程

1）采用爆破拆除的工程。

2）码头、桥梁、高架、烟囱、水塔或拆除中容易引起有毒有害气（液）体或粉尘扩散、易燃易爆事故发生的特殊建、构筑物的拆除工程。

3）可能影响行人、交通、电力设施、通信设施或其他建、构筑物安全的拆除工程。

4）文物保护建筑、优秀历史建筑或历史文化风貌区控制范围的拆除工程。

（6）其他

1）施工高度50m及以上的建筑幕墙安装

工程。

2）跨度大于 36m 及以上的钢结构安装工程；跨度大于 60m 及以上的网架和索膜结构安装工程。

3）开挖深度超过 16m 的人工挖孔桩工程。

4）地下暗挖工程、顶管工程、水下作业工程。

5）采用新技术、新工艺、新材料、新设备及尚无相关技术标准的危险性较大的分部分项工程。

建筑施工企业专业工程技术人员编制的安全专项施工方案，由施工企业技术部门的专业技术人员及监理单位专业监理工程师进行审核，审核合格，由施工企业技术负责人、监理单位总监理工程师签字。组织专家论证审查：

（1）建筑施工企业应当组织不少于 5 人的专家组，对已编制的安全专项施工方案进行论证审查。

（2）安全专项施工方案专家组必须提出书面论证审查报告，施工企业应根据论证审查报告进行完善，施工企业技术负责人、总监理工程师签字后，方可实施。

（3）专家组书面论证审查报告应作为安全专项施工方案的附件，在实施过程中，施工企业应严格按照安全专项方案组织施工。

1.7.6 安全技术交底

建筑施工企业应明确安全技术交底分级的原则、内容、方法及确认手续。应根据施工组织设计和专项安全施工方案（措施）编制和审批权限的设置，组织相关编制人员参与安全技术交底、验收和检查，并明确其他参与交底、验收和检查的人员。

安全技术交底应采取分级交底制，并应符合下列规定

（1）危险性较大的工程开工前，新工艺、新技术、新设备应用前，企业的技术负责人及安全管理机构，向施工管理人员进行安全技术方案交底。

（2）分部分项工程，关键工序实施前，项目技术负责人、安全员应会同方案编制人员、项目施工员向参加施工的施工管理人员进行方案实施安全交底。

（3）总承包单位向分包单位，分包单位向作业班组进行安全技术措施交底。

（4）安全员及各条线管理员应对新进场的工人及实施作业人员工种交底。

（5）作业班组应对作业人员进行班前安全操作规程交底。

1.8 施工现场安全生产基本要求

1.8.1 一般规定

（1）新工人进入工地前必须认真学习本工种安全技术操作规程。未经安全知识教育和培训不得进入施工现场操作。

（2）进入施工现场，必须戴好安全帽，扣好帽带。

（3）在没有防护设施的 2m 高处，悬崖和陡坡施工作业必须系好安全带。

（4）高空作业时，不准往下或向上抛材料和工具等物件。

（5）不懂电器和机械的人员，严禁使用和玩弄机电设备。

（6）建筑材料和构件要堆放整齐稳妥，不要过高。

（7）危险区域要有明显标志，要采取防护措施，夜间要设红灯示警。

（8）在操作中，应坚守工作岗位，严禁酒后操作。

（9）特种作业人员必须经过有关部门专业培训

考试合格发给操作证，方准独立操作。

（10）施工现场禁止赤脚、穿拖鞋、高跟鞋和易滑、带钉的鞋操作。

（11）施工现场的脚手架、防护设施、安全标志、警告牌、脚手架连接钢丝或连接件不得擅自拆除，需要拆除必须经过加固后经施工负责人同意。

（12）施工现场的洞、坑、井架、升降口、漏斗等危险处，应有防护措施并有明显标志。

（13）不准随意开动一切机械。操作中思想要集中，不准开玩笑，做私活。

1.8.2　安全生产六大纪律

（1）进入现场必须戴好安全帽，扣好帽带，并正确使用个人劳动防护用品。

（2）2m 及以上的高处、悬空作业，无安全设施的，必须系好安全带，扣好保险钩。

（3）高处作业时，不准向下或向上乱抛材料和工具等物件。

（4）各种电机械设备必须有可靠有效的安全接地和防雷装置。

（5）无证人员，严禁使用和玩弄机电设备。

（6）吊装区域非操作人员严禁入内，吊装机械必须完好，扒杆垂直下方不准站人。

1.8.3 十项安全措施

（1）按规定使用安全"三宝"，即安全帽、安全网、安全带。

（2）机械设备的防护装置必须齐全有效。

（3）塔吊等起重设备必须有限位保险装置，不准带病运转，不准超负荷作业，不准在运转中维修保养。

（4）架设电线线路必须符合当地电业局的规定，电气设备接零、接地必须可靠。

（5）电动机械和手持电动工具应设置漏电保护装置。

（6）脚手架的材料及脚手架的搭设必须符合规程要求。

（7）各种缆风绳及其设置必须符合技术规程要求。

（8）在建工程的楼梯口、电梯口、预留洞口、通道口，必须有防护设施。

（9）严禁赤脚、穿高跟鞋、拖鞋进入施工现场，高空作业不准穿硬底和带钉易滑的鞋靴。

（10）施工现场的悬崖、陡坎等危险区域应设置警戒标志，夜间要设红色警示灯。

1.8.4 防止违章和事故的"十项操作要求"

（1）新工人未经三级安全教育、复岗人员未经安全岗位教育，不得上岗操作。

（2）特种作业人员、机械操作工未经专门安全培训，无有效安全上岗证，不得上岗操作。

（3）作业环境和施工对象情况不清，施工前无安全措施或作业安全交底不清，不得盲目操作。

（4）新技术、新工艺、新设备、新材料、新岗位无安全措施，未进行安全教育培训和交底，不得盲目操作。

（5）安全帽和作业场所必须的个人防护用品未落实，不得盲目操作。

（6）脚手架、吊篮、塔吊、井字架、龙门架、外用电梯、起重机械、电焊机、钢筋机械、木工平刨、圆盘锯、搅拌机、打桩机等设备设施和现浇混凝土模板支撑搭设或安装后，未经验收合格，不得盲目操作。

（7）作业场所安全防护措施未落实、安全隐患未排除，可能危及人身安全和财产损失时不得盲目操作。

（8）凡上级或管理人员违章指挥，有冒险作业情况时，作业人员有权拒绝操作。

（9）高处作业、带电作业、禁火区作业、易燃易爆作业、爆破性作业、有中毒或窒息性危险的作业和科学试验等其他危险作业的均由上级指派，并经安全交底；未经指派、未经安全交底和无安全防护措施时，不得盲目操作。

（10）隐患未排除，可能伤害自己、伤害他人，或被他人伤害的不安全因素存在时不得盲目操作。

1.8.5 施工现场"十不准"

（1）不戴安全帽，不准进现场。

（2）酒后和带小孩不准进现场。

（3）垂直运输设备不准乘人。

（4）不准穿拖鞋、高跟鞋及硬底鞋上班。

（5）模板及易腐材料不准作脚手板使用，作业时不准打闹。

（6）电源开关不能一闸多用。未经训练的职工，不准操作机械。

（7）无防护措施不准高空作业。

（8）吊装设备未经检查（或试吊）不准吊装，下面不准站人。

（9）木工场地和防火禁区不准吸烟。

（10）施工现场备用材料应分类堆放整齐，做到文明施工。

1.8.6 防止高处坠落、物体打击的"十项基本要求"

（1）高处作业人员必须着装整齐，严禁穿硬底或易滑鞋、高跟鞋，工具应放入工具袋内。

（2）高处作业人员严禁相互打闹，以免失足发生坠落危险。

（3）在进行攀登作业时，攀登用具必须牢固可靠，并正确使用。

（4）各类手持机具和工具使用前应进行检查，确保安全牢靠。洞口、临边作业应防止物件坠落。

（5）施工人员应从规定的通道上下，不得攀爬脚手架、跨越临边防护设施，不得在非规定的通道进行攀登、行走。

（6）悬空作业时，应有牢靠的立足点并正确系挂安全带；现场应视具体情况配置防护网、栏杆或其他安全设施。

（7）高处作业时，所有物料应堆放平整，不得堆放在临边或洞口附近，不得妨碍通行。

（8）高处拆除作业时，拆下的物料、建筑垃圾应及时清运，不得在通道上任意堆放或向下丢弃。

（9）高处作业时，不得往下或向上抛掷材料或工具等物件。

（10）各施工作业场所内，凡有坠落危险的任何物料，应先进行拆除或加以固定，拆卸作业必须设立警戒区域，并有专人监护。

1.8.7 防止机械伤害"一禁、二必须、三定、四不准"

（1）不懂电气和机械的人员严禁使用或玩弄机电设备。

（2）机电设备应完好，必须有可靠的安全防护装置。

（3）机电设备停电、停工时必须拉闸关机、上锁。

（4）机电设备应做到定人操作、保养、检查。

（5）机电设备应做到定机管理、定期保养。

（6）机电设备应做到定岗位、定职责。

（7）机电设备不准带病运转。

（8）机电设备不准超负荷运转。

（9）机电设备不准在运转时维修保养。

（10）机电设备运转时，操作人员身体任何部位不准进入运转的机械行程范围内。

1.8.8 防止车辆伤害的"十项基本安全要求"

（1）未经专业、职业培训合格的人员、不熟悉车辆性能者，禁止驾驶车辆。

（2）驾驶员必须做好车辆的例保工作，车辆制动器、喇叭、转向系统、灯光等部件必须良好。

（3）翻斗车、自卸车车厢严禁乘人，严禁人、货混装，严禁超载、超高、超宽，捆扎必须牢固可靠，防止车内物体失稳跌落伤人。

（4）乘坐车辆时应坐在安全处，身体的任何部位不得露出车外。

（5）车辆进出施工现场，在场内调头、倒车，在狭窄场地内行驶时，必须有专人指挥。

（6）车辆进出现场要减速，做到"四慢"，即：道路情况不明要慢；行走线路不良、照明度差时要慢；起步、交汇车、倒车、停车要慢；在狭路、桥梁弯路、坡路、岔道、行人密集处及出入大门要慢。

（7）临近机动车道的作业区和脚手架等设施，以及道路中的障碍应设安全标志和防护设施，夜间应设警示灯和足够的照明。

（8）装卸车作业时，若车辆停放在坡道上，应采取防止车辆溜坡措施。

（9）在场内机动车道行走的人员，不应并排结队行走，避让车辆时，不应避让于两车交汇之处，不站在无法避让的死角位置。

（10）机动车不得牵引无制动装置的车辆，牵引物体时，物体上不得有人，人员不得进入正在牵引的物和车之间。在坡道上牵引时，车和被牵引物下方不得有人作业、停留或通过。

1.8.9 施工现场气割、电焊"十不烧"

（1）焊工必须持证上岗，无特种作业安全操作证的人员，不准进行焊、割操作。

（2）凡属一、二、三级动火范围的焊、割作业，未办理动火审批手续，不准进行焊、割作业。

（3）焊工不了解焊、割现场周围情况的，不准进行焊、割操作。

（4）焊工不了解焊件内部是否安全时，不准进行焊、割操作，交流焊机无空载保护器不得实施焊接作业。

（5）各种装过可燃、易燃气体或有毒物质的容器，未经彻底清洗，排除危险之前，不准进行焊、割操作。

（6）用可燃材料作保温层、冷却层、隔热层的部位，在未采取有效防护措施前，不准进行焊、割操作。

（7）有压力或密闭的管道、容器，不准进行焊、割操作。

（8）焊、割部位附近有易燃、易爆物品，在未作清理或未采取有效的安全措施前，不准进行焊、割操作。

（9）附近有与明火作业相抵触的工种在作业时，不准进行焊、割操作。

（10）与外单位相连的部位，在没有弄清有无险情，或明知存在危险而未采取有效措施前，不准进行焊、割操作。

1.8.10 电气安全"十不准"

（1）无证电工不准安装电气设备。

（2）任何人不准玩弄电气设备和开关。

（3）不准使用绝缘损坏的电气设备。

（4）不准利用电热设备和灯泡取暖。

（5）任何人不准启动挂有警告牌和拔掉熔断器

的电气设备。

（6）不准用水冲洗和揩擦电气设备。

（7）熔丝熔断时不准调换容量不符的熔丝。

（8）不准在埋有电缆的地方未办任何手续打桩动土。

（9）有人触电时应立即切断电源，在未脱离电源前不准接触触电者。

（10）雷电时不准接触避雷器和避雷针。

1.9　安全生产检查

1.9.1　定期安全生产检查

定期安全生产检查一般是通过有计划、有组织、有目的的形式来实现的。检查周期根据各单位实际情况确定，如次/年、次/季、次/月、次/周等。定期检查面广，有深度，能及时发现并解决问题。

1.9.2　经常性安全生产检查

经常性安全生产检查则是采取个别的、日常的巡视方式来实现的。在生产过程中进行经常性的预防检查，能及时发现隐患，及时消除，使事故苗子消除在萌芽状态，以保证生产正常进行。

1.9.3 季节性及节假日前后安全生产检查

生产经营单位根据季节变化，按事故发生的规律对易发的潜在危险，突出重点进行季节检查，如冬季防寒保暖、防火、防煤气中毒；夏季防暑降温、防汛、防台、防雷电等检查。

由于节假日（特别是重大节日，如元旦、春节、劳动节、国庆节）前后容易发生事故，因而应进行有针对性的安全检查。

1.9.4 专业（项）安全生产检查

专业（项）安全生产检查是对某个专项问题或普遍性安全问题进行的单项定性检查。如电气安全检查、特种设备安全检查等。

专项检查具有较强的针对性和专业要求，适用于检查难度较大的项目。

1.9.5 综合性安全生产检查

综合性安全检查一般是由主管部门对下属各企业或生产单位进行的全面综合性检查，必要时可组织进行系统的安全性评价。

1.9.6 不定期的组织职工代表巡视安全生产情况

由企业或车间工会负责人组织有关专业技术特长的职工代表对生产现场进行巡视安全生产检查。重点查国家安全生产方针、法规的贯彻执行情况；单位领导干部安全生产责任制的执行情况；工人安全生产权益保护的执行情况；查事故原因、隐患整改情况，以及对事故责任者的处理情况。此类检查可进一步强化各级领导安全生产责任制的落实，促进职工安全生产权益的维护。

1.9.7 建筑施工企业负责人及项目负责人施工现场带班检查

为贯彻落实《国务院关于进一步加强企业安全生产工作的通知》（国发〔2010〕23号），切实加强建筑施工企业及施工现场质量安全管理工作，建设部于2011年7月22日制定了《建筑施工企业负责人及项目负责人施工现场带班暂行办法》。

建筑施工企业负责人：是指企业的法定代表人、总经理、主管质量安全和生产工作的副总经理、总工程师和副总工程师。项目负责人：是指工程项目的项目经理。施工现场：是指进行房屋建筑和市政工程施工作业活动的场所。

施工现场带班包括企业负责人带班检查和项目负责人带班生产。企业负责人带班检查是指由建筑施工企业负责人带队实施对工程项目质量安全生产状况及项目负责人带班生产情况的检查。项目负责人带班生产是指项目负责人在施工现场组织协调工程项目的质量安全生产活动。工程项目进行超过一定规模的危险性较大的分部分项工程施工时，建筑施工企业负责人应到施工现场进行带班检查。工程项目出现险情或发现重大隐患时，建筑施工企业负责人应到施工现场带班检查，督促工程项目进行整改，及时消除险情和隐患。

2 安全生产法律法规

2.1 法律法规基本知识

2.1.1 法的概念和分类

2.1.1.1 法的概念

法的概念有广义和狭义之分。广义的法是指国家制定或者认可，并由国家强制力保证其实施的行为规范的总和。狭义的法是指具体的法律法规。

2.1.1.2 法的分类

按照法律地位和法律效力的层级划分，法分为宪法、法律、行政法规、地方性法规、规章及国际公约等。

（1）宪法

宪法是国家的根本大法，是所有法律的立法依据，具有最高的法律地位和法律效力，由全国人民代表大会审议通过。

（2）法律

法律规范是国家制定或认可，并以国家强制力保证其实施的一种行为规范。

　　全国人大及其常委会行使国家立法权，制定法律。法律在全国范围内施行，其地位和效力仅次于宪法。我国法律根据其制定机关不同可分为两类：一类是基本法律，由全国人大制定和修改；另一类，由全国人大及其常务委员会作出的具有规范性的决议、决定、规定、办法等也都属于此处所指的法律。我国法律由国家主席签署主席令予以公布。

　　（3）行政法规

　　国务院根据宪法和法律制定行政法规。我国行政法规的名称，一般称为"条例"、"规定"、"办法"、"实施细则"、"决定"等。行政法规由总理签署国务院令公布。

　　（4）地方性法规

　　地方性法规是由省、自治区、直辖市、省和自治区的人民政府所在市、经国务院批准的较大的市的人大及其常委会依照法定程序制定的规范性文件。地方性法规由地方人大大会主席团常委会发布公告予以公布。

　　（5）规章

　　规章是法律效力次于法规的自成体系的规范性

文件，根据其制定机关不同可分为两类：一类是部门规章，是国务院各部、委员会、具有行政管理职能的直属机构根据法律和国务院的行政法规、决定、命令，在本部门的权限范围内制定的规章。另一类是地方政府规章，是省、自治区、直辖市和较大的市的人民政府根据法律、行政法规和本省、自治区、直辖市的地方性法规制定的规章。部门规章由部门首长签署命令予以公布；地方性规章由省长或者自治区主席或者市长签署命令予以公布。

（6）国际公约

经我国批准生效的国际公约，是我国法规形式的组成部分。

国际公约，是国际安全环保法律法规的一种形式，它不是由国际组织直接实施的法律规范，而是采用会员国批准，并由会员国作为制定国内安全环保法依据的公约文本。经国家权力机关批准后，批准国采取必要的措施使该公约发生效力，并负有实施已批准的公约的国际法义务。

2.1.2 安全生产法律法规的基本知识

2.1.2.1 安全生产法律法规的概念

安全生产法律法规，是指国家关于改善劳动条件，实现安全生产，为保护劳动者在生产过程中的安全和健康而制定的各种法律、法规、规章和规范性文件的总和。

安全生产法律法规通过法律形式规定了人们在生产过程中的行为规范，具有普遍的约束力和强制性。安全技术规范是强制性的标准。

2.1.2.2　安全生产法律法规的主要内容

（1）关于安全技术和劳动卫生的法规；

（2）关于工作时间的法规；

（3）关于女工特殊保护的法规；

（4）关于安全生产的体制和管理制度的法规；

（5）关于劳动安全和劳动卫生监督管理制度的法规。

2.1.2.3　安全生产法律法规的任务和作用

安全生产法律法规的任务是调整社会主义建设过程中人与人之间和人与自然之间的关系，保障劳动者在生产过程中的安全和健康，提高企业经济效益、促进生产发展，其作用为：

（1）安全生产法律法规是贯彻安全生产方针、政策的有效保障；

（2）安全生产法律法规是保护劳动者安全和健康的重要手段；

（3）安全生产法律法规是实现安全生产的技术保证。

2.2　国家有关安全生产的法律简介

2.2.1　《中华人民共和国宪法》

1982 年 12 月 4 日第五届全国人民代表大会第五次会议通过，1982 年 12 月 4 日全国人民代表大会公告公布施行。

根据 1988 年 4 月 12 日第七届全国人民代表大会第一次会议通过的《中华人民共和国宪法修正案》、1993 年 3 月 29 日第八届全国人民代表大会第一次会议通过的《中华人民共和国宪法修正案》、1999 年 3 月 15 日第九届全国人民代表大会第二次会议通过的《中华人民共和国宪法修正案》和 2004 年 3 月 14 日第十届全国人民代表大会第二次会议通过的《中华人民共和国宪法修正案》修正。

《宪法》中有关安全生产、劳动保护的条文主要是：

第四十二条　中华人民共和国公民有劳动的权利和义务。

国家通过各种途径，创造劳动就业条件，加强劳动保护，改善劳动条件，并在发展生产的基础上，提高劳动报酬和福利待遇。

劳动是一切有劳动能力的公民的光荣职责。国有企业和城乡集体经济组织的劳动者都应当以国家主人翁的态度对待自己的劳动。国家提倡社会主义劳动竞赛，奖励劳动模范和先进工作者。国家提倡公民从事义务劳动。

国家对就业前的公民进行必要的劳动就业训练。

第四十三条　中华人民共和国劳动者有休息的权利。

国家发展劳动者休息和休养的设施，规定职工的工作时间和休假制度。

2.2.2　《中华人民共和国刑法》

《中华人民共和国刑法》1979 年 7 月 1 日第五届全国人民代表大会第二次会议通过，1979 年 7 月 6 日全国人民代表大会常务委员会委员长令第五号公布，自 1980 年 1 月 1 日起施行。

《中华人民共和国刑法（修订）》由 1997 年 3 月 14 日第八届全国人民代表大会第五次会议修订，1997 年 3 月 14 日中华人民共和国主席令第八十三号公布，自 1997 年 10 月 1 日起施行。

《中华人民共和国刑法修正案》由 1999 年 12 月 25 日第九届全国人民代表大会常务委员会第十三次会议通过，1999 年 12 月 25 日中华人民共和国主席令第二十七号公布，自公布之日起施行。

《中华人民共和国刑法修正案（二）》由 2001 年 8 月 31 日第九届全国人民代表大会常务委员会第二十三次会议通过，2001 年 8 月 31 日中华人民共和国主席令第五十六号公布，自公布之日起施行。

《中华人民共和国刑法修正案（三）》由 2001 年 12 月 29 日第九届全国人民代表大会常务委员会第二十五次会议通过，2001 年 12 月 29 日中华人民共和国主席令第六十四号公布，自公布之日起施行。

《中华人民共和国刑法修正案（四）》由 2002 年 12 月 28 日第九届全国人民代表大会常务委员会第三十一次会议通过，自公布之日起施行。

《中华人民共和国刑法修正案（五）》由 2005 年 2 月 28 日第十届全国人民代表大会常务委员会第十四次会议通过，自公布之日起施行。

《中华人民共和国刑法修正案（六）》由 2006

年 6 月 29 日第十届全国人民代表大会常务委员会第二十二次会议通过，自公布之日起施行。

《中华人民共和国刑法修正案（七）》由 2009 年 2 月 28 日第十一届全国人民代表大会常务委员会第七次会议通过，自公布之日起施行。

《中华人民共和国刑法修正案（八）》由 2011 年 2 月 25 日第十一届全国人民代表大会常务委员会第十九次会议通过，自 2011 年 5 月 1 日起施行。

在《刑法》中关于安全生产犯罪的规定主要有：

（1）第一百三十四条（重大责任事故罪）：在生产、作业中违反有关安全管理的规定，因而发生重大伤亡事故或者造成其他严重后果的，处三年以下有期徒刑或者拘役；情节特别恶劣的，处三年以上七年以下有期徒刑。强令他人违章冒险作业，因而发生重大伤亡事故或者造成其他严重后果的，处五年以下有期徒刑或者拘役；情节特别恶劣的，处五年以上有期徒刑。

（2）第一百三十五条（重大劳动安全事故罪）：安全生产设施或者安全生产条件不符合国家规定，因而发生重大伤亡事故或者造成其他严重后果的，对直接负责的主管人员和其他直接责任人员，处三年以下有期徒刑或者拘役；情节特别恶劣的，处三年以上七年以下有期徒刑。

（3）第一百三十五条之一（大型群众性活动重大事故罪）：举办大型群众性活动违反安全管理规定，因而发生重大伤亡事故或者造成其他严重后果的，对直接负责的主管人员和其他直接责任人员，处三年以下有期徒刑或者拘役；情节特别恶劣的，处三年以上七年以下有期徒刑。

（4）第一百三十六条（危险物品肇事罪）：违反爆炸性、易燃性、放射性、毒害性、腐蚀性物品的管理规定，在生产、储存、运输、使用中发生重大事故，造成严重后果的，处三年以下有期徒刑或者拘役；后果特别严重的，处三年以上七年以下有期徒刑。

（5）第一百三十七条（工程重大安全事故罪）：建设单位、设计单位、施工单位、工程监理单位违反国家规定，降低工程质量标准，造成重大安全事故的，对直接责任人员，处五年以下有期徒刑或者拘役，并处罚金；后果特别严重的，处五年以上十年以下有期徒刑，并处罚金。

（6）第一百三十九条（消防责任事故罪）：违反消防管理法规，经消防监督机构通知采取改正措施而拒绝执行，造成严重后果的，对直接责任人员，处三年以下有期徒刑或者拘役；后果特别严重的，处三年以上七年以下有期徒刑。

（7）第一百三十九条之一（瞒报或谎报事故罪）：在安全事故发生后，负有报告职责的人员不报或者谎报事故情况，贻误事故抢救，情节严重的，处三年以下有期徒刑或者拘役；情节特别严重的，处三年以上七年以下有期徒刑。

（8）第一百四十六条（生产销售不符合安全标准的产品罪）：生产销售不符合安全标准的产品，生产不符合保障人身、财产安全的国家标准、行业标准的电器、压力容器、易燃易爆产品或者其他不符合保障人身、财产安全的国家标准、行业标准的产品，或者销售明知是以上不符合保障人身、财产安全的国家标准、行业标准的产品造成严重后果的，处五年以下有期徒刑，并处销售金额50%以上两倍以下罚金，后果特别严重的，处五年以上有期徒刑，并处销售金额50%以上两倍以下罚金。

2.2.3 《中华人民共和国劳动法》

1994年7月5日，第八届全国人民代表大会常务委员会第八次会议通过，1995年1月1日起施行。

2009 年 8 月 27 日第十一届全国人民代表大会常务委员会第十次会议通过《全国人民代表大会常务委员会关于修改部分法律的决定》，自公布之日起施行。修改如下：《中华人民共和国劳动法》第九十二条中的"依照刑法第×条的规定"、"比照刑法第×条的规定"修改为"依照刑法有关规定"。

第六章　"劳动安全卫生"

第五十二条　用人单位必须建立、健全劳动安全卫生制度，严格执行国家劳动安全卫生规程和标准，对劳动者进行劳动安全卫生教育，防止劳动过程中的事故，减少职业危害。

第五十三条　劳动安全卫生设施必须符合国家规定的标准。新建、改建、扩建工程的劳动安全卫生设施必须与主体工程同时设计、同时施工、同时投入生产和使用。

第五十四条　用人单位必须为劳动者提供符合国家规定的劳动安全卫生条件和必要的劳动防护用品，对从事有职业危害作业的劳动者应当定期进行健康检查。

第五十五条　从事特种作业的劳动者必须经过专门培训并取得特种作业资格。

第五十六条　劳动者在劳动过程中必须严格遵

守安全操作规程。劳动者对用人单位管理人员违章指挥、强令冒险作业，有权拒绝执行；对危害生命安全和身体健康的行为，有权提出批评、检举和控告。

第五十七条 国家建立伤亡事故和职业病统计报告和处理制度。县级以上各级人民政府劳动行政部门、有关部门和用人单位应当依法对劳动者在劳动过程中发生的伤亡事故和劳动者的职业病状况，进行统计、报告和处理。

2.2.4 《中华人民共和国建筑法》

1997 年 11 月 1 日第八届全国人民代表大会常务委员会第 28 次会议通过；根据 2011 年 4 月 22 日第十一届全国人民代表大会常务委员会第 20 次会议《关于修改〈中华人民共和国建筑法〉的决定》修正。

第五章 "建筑安全生产管理"

第三十六条 建筑工程安全生产管理必须坚持安全第一、预防为主的方针，建立健全安全生产的责任制度和群防群治制度。

第三十七条 建筑工程设计应当符合按照国家规定制定的建筑安全规程和技术规范，保证工程的安全性能。

第三十八条　建筑施工企业在编制施工组织设计时，应当根据建筑工程的特点制定相应的安全技术措施；对专业性较强的工程项目，应当编制专项安全施工组织设计，并采取安全技术措施。

第三十九条　建筑施工企业应当在施工现场采取维护安全、防范危险、预防火灾等措施；有条件的，应当对施工现场实行封闭管理。

施工现场对毗邻的建筑物、构筑物和特殊作业环境可能造成损害的，建筑施工企业应当采取安全防护措施。

第四十条　建设单位应当向建筑施工企业提供与施工现场相关的地下管线资料，建筑施工企业应当采取措施加以保护。

第四十一条　建筑施工企业应当遵守有关环境保护和安全生产的法律、法规的规定，采取控制和处理施工现场的各种粉尘、废气、废水、固体废物以及噪声、振动对环境的污染和危害的措施。

第四十二条　有下列情形之一的，建设单位应当按照国家有关规定办理申请批准手续：

（一）需要临时占用规划批准范围以外场地的；

（二）可能损坏道路、管线、电力、邮电通讯等公共设施的；

（三）需要临时停水、停电、中断道路交通的；

（四）需要进行爆破作业的；

（五）法律、法规规定需要办理报批手续的其他情形。

第四十三条　建设行政主管部门负责建筑安全生产的管理，并依法接受劳动行政主管部门对建筑安全生产的指导和监督。

第四十四条　建筑施工企业必须依法加强对建筑安全生产的管理，执行安全生产责任制度，采取有效措施，防止伤亡和其他安全生产事故的发生。

建筑施工企业的法定代表人对本企业的安全生产负责。

第四十五条　施工现场安全由建筑施工企业负责。实行施工总承包的，由总承包单位负责。分包单位向总承包单位负责，服从总承包单位对施工现场的安全生产管理。

第四十六条　建筑施工企业应当建立健全劳动安全生产教育培训制度，加强对职工安全生产的教育培训；未经安全生产教育培训的人员，不得上岗作业。

第四十七条　建筑施工企业和作业人员在施工

过程中，应当遵守有关安全生产的法律、法规和建筑行业安全规章、规程，不得违章指挥或者违章作业。作业人员有权对影响人身健康的作业程序和作业条件提出改进意见，有权获得安全生产所需的防护用品。作业人员对危及生命安全和人身健康的行为有权提出批评、检举和控告。

第四十八条　建筑施工企业应当依法为职工参加工伤保险缴纳工伤保险费。鼓励企业为从事危险作业的职工办理意外伤害保险，支付保险费。

第四十九条　涉及建筑主体和承重结构变动的装修工程，建设单位应当在施工前委托原设计单位或者具有相应资质条件的设计单位提出设计方案；没有设计方案的，不得施工。

第五十条　房屋拆除应当由具备保证安全条件的建筑施工单位承担，由建筑施工单位负责人对安全负责。

第五十一条　施工中发生事故时，建筑施工企业应当采取紧急措施减少人员伤亡和事故损失，并按照国家有关规定及时向有关部门报告。

2.2.5　《中华人民共和国消防法》

1998 年 4 月 29 日第九届全国人民代表大会常

务委员会第二次会议通过，2008 年 10 月 28 日第十一届全国人民代表大会常务委员会第五次会议修订。中华人民共和国第十一届全国人民代表大会常务委员会第五次会议于 2008 年 10 月 28 日修订通过，自 2009 年 5 月 1 日起施行。

《中华人民共和国消防法》与建筑工程安全生产密切相关的规定主要包括：按照国家工程建筑消防技术标准需要进行消防设计的建筑工程，设计单位应当按照国家工程建筑消防技术标准进行设计，建设单位应当将建筑工程的消防设计图纸及有关资料报送公安消防机构审核；未经审核或者经审核不合格的，建设行政主管部门不得发给施工许可证，建设单位不得施工。经公安消防机构审核的建筑工程消防设计需要变更的，应当报经原审核的公安消防机构核准；未经核准的，任何单位、个人不得变更。按照国家工程建设消防技术标准进行消防设计的建筑工程竣工时，必须经公安消防机构进行消防验收；未经验收或者经验收不合格的，不得投入使用。建筑构件和建筑材料的防火性能必须符合国家标准或者行业标准。公共场所室内装修、装饰根据国家工程建设消防技术标准的规定，应当使用不燃、难燃材料的，必须选用依照产品质量法的规定确定的检验机构检验合格的材料。

2.2.6 《中华人民共和国安全生产法》

2002 年 6 月 29 日第九届全国人民代表大会常务委员会第二十八次会议通过，2002 年 6 月 29 日中华人民共和国主席令第 70 号公布，自 2002 年 11 月 1 日起施行。2014 年 8 月 31 日第十二届全国人民代表大会常务委员会第十次会议通过全国人民代表大会常务委员会关于修改《中华人民共和国安全生产法》的决定，自 2014 年 12 月 1 日起施行。

《安全生产法》中提供了四种监督途径，即工会民主监督、社会舆论监督、公众举报监督和社区服务监督。通过这些监督途径，使许多安全隐患及时得以发现，也将使许多安全管理工作中的不足得以改善。《安全生产法》中明确了生产经营单位必须做好安全生产的保证工作，既要在安全生产条件上、技术上符合生产经营的要求，也要在组织管理上建立健全安全生产责任并进行有效落实。《安全生产法》不仅明确了从业人员为保证安全生产所应尽的义务，也明确了从业人员进行安全生产所享有的权利。在正面强调从业人员应该为安全生产尽职尽责的同时，赋予从业人员的权利，也从另一方面有效保障了安全生产管理工作的有效开展。《安全生产法》明确规定了生产经营单位负责人的安全生产责任，因为一切安全管理，归根到底是对人的管理，只有生产经营单位的负责人真正认识到安全管理的重要性并认真落实安全管理的各项工作，安全管理工作才有可能真正有效地进行。违法必究是我国法律的基本原则，在《安全生产法》中明确了对违法单位和个人的法律责任追究制度。生产安全事故，特别是重、特大生产安全事故往往具有突发性、紧迫性，如果事先没有做好充分准备工作，很难在短时间内组织有效的抢救，防止事故的扩大，减少人员伤亡和财产损失。因此《安全生产法》明确了要建立事故应急救援制度，制定应急救援预案，形成应急救援预案体系。

2.2.7 《中华人民共和国特种设备安全法》

由中华人民共和国第十二届全国人民代表大会常务委员会第三次会议于 2013 年 6 月 29 日通过，2013 年 6 月 29 日中华人民共和国主席令第 4 号公布。《中华人民共和国特种设备安全法》分总则，生产、经营、使用，检验、检测，监督管理，事故应急救援与调查处理，法律责任，附则共 7 章 101

条，自 2014 年 1 月 1 日起施行。

特种设备安全法突出了特种设备生产、经营、使用单位的安全主体责任，明确规定：在生产环节，生产企业对特种设备的质量负责；在经营环节，销售和出租的特种设备必须符合安全要求，出租人负有对特种设备使用安全管理和维护保养的义务；在事故多发的使用环节，使用单位对特种设备使用安全负责，并负有对特种设备的报废义务，发生事故造成损害的依法承担赔偿责任。

特种设备包括锅炉、压力容器、压力管道、电梯、起重机械、客运索道、大型游乐设施、场（厂）内专用机动车辆等。这些设备一般具有在高压、高温、高空、高速条件下运行的特点，易燃、易爆、易发生高空坠落等，对人身和财产安全有较大危险性。

2.3 国务院行政法规及文件简介

2.3.1 《关于特大安全事故行政责任追究的规定》

2001 年 4 月 21 日国务院令第 302 号公布并实施。

该规定第二条规定：地方人民政府主要领导人

和政府有关部门正职负责人对下列特大安全事故的防范、发生，依照法律、行政法规和本规定的规定有失职、渎职情形或者负有领导责任的，依照本规定给予行政处分；构成玩忽职守罪或者其他罪的，依法追究刑事责任：

（一）特大火灾事故；

（二）特大交通安全事故；

（三）特大建筑质量安全事故；

（四）民用爆炸物品和化学危险品特大安全事故；

（五）煤矿和其他矿山特大安全事故；

（六）锅炉、压力容器、压力管道和特种设备特大安全事故；

（七）其他特大安全事故。

地方人民政府和政府有关部门对特大安全事故的防范、发生直接负责的主管人员和其他直接责任人员，比照本规定给予行政处分；构成玩忽职守罪或者其他罪的，依法追究刑事责任。

特大安全事故肇事单位和个人的刑事处罚、行政处罚和民事责任，依照有关法律、法规和规章的规定执行。

2.3.2 《建设工程安全生产管理条例》

2003 年 11 月 12 日国务院第 28 次常务会议通过，2003 年 11 月 24 日国务院令第 393 号公布，自 2004 年 2 月 1 日起施行。

该条例是《中华人民共和国建筑法》、《中华人民共和国安全生产法》颁布实施后制定的一部在建设工程安全生产方面的配套性行政法规。共 8 章 71 条。分为：总则；建设单位的安全责任；勘察、设计、工程监理及其他有关单位的安全责任；施工单位的安全责任；监督管理；生产安全事故的应急救援和调查处理；法律责任；附则。

2.3.3 《安全生产许可证条例》

2004 年 1 月 7 日国务院第 34 次常务会议通过，2004 年 1 月 13 日国务院令第 397 号公布，自公布之日起施行，该条例共有 24 条。

第二条　国家对矿山企业、建筑施工企业和危险化学品、烟花爆竹、民用爆破器材生产企业（以下统称企业）实行安全生产许可制度。

企业未取得安全生产许可证的，不得从事生产活动。

第六条　企业取得安全生产许可证，应当具备下列安全生产条件：

（一）建立、健全安全生产责任制，制定完备的安全生产规章制度和操作规程；

（二）安全投入符合安全生产要求；

（三）设置安全生产管理机构，配备专职安全生产管理人员；

（四）主要负责人和安全生产管理人员经考核合格；

（五）特种作业人员经有关业务主管部门考核合格，取得特种作业操作资格证书；

（六）从业人员经安全生产教育和培训合格；

（七）依法参加工伤保险，为从业人员缴纳保险费；

（八）厂房、作业场所和安全设施、设备、工艺符合有关安全生产法律、法规、标准和规程的要求；

（九）有职业危害防治措施，并为从业人员配备符合国家标准或者行业标准的劳动防护用品；

（十）依法进行安全评价；

（十一）有重大危险源检测、评估、监控措施和应急预案；

（十二）有生产安全事故应急救援预案、应急救援组织或者应急救援人员，配备必要的应急救援器材、设备；

（十三）法律、法规规定的其他条件。

第七条 企业进行生产前，应当依照本条例的规定向安全生产许可证颁发管理机关申请领取安全生产许可证，并提供本条例第六条规定的相关文件、资料。安全生产许可证颁发管理机关应当自收到申请之日起45日内审查完毕，经审查符合本条例规定的安全生产条件的，颁发安全生产许可证；不符合本条例规定的安全生产条件的，不予颁发安全生产许可证，书面通知企业并说明理由。

煤矿企业应当以矿（井）为单位，依照本条例的规定取得安全生产许可证。

第九条 安全生产许可证的有效期为3年。安全生产许可证有效期满需要延期的，企业应当于期满前3个月向原安全生产许可证颁发管理机关办理延期手续。

企业在安全生产许可证有效期内，严格遵守有关安全生产的法律法规，未发生死亡事故的，安全生产许可证有效期届满时，经原安全生产许可证颁发管理机关同意，不再审查，安全生产许可证有效期延期 3 年。

2.3.4 《生产安全事故报告和调查处理条例》

中华人民共和国国务院令第 493 号，经 2007 年 3 月 28 日国务院第 172 次常务会议通过，2007 年 4 月 9 日公布，自 2007 年 6 月 1 日起施行。

为了规范生产安全事故的报告和调查处理，落实生产安全事故责任追究制度，防止和减少生产安全事故，根据《中华人民共和国安全生产法》和有关法律，制定本条例。生产经营活动中发生的造成人身伤亡或者直接经济损失的生产安全事故的报告和调查处理，适用本条例；环境污染事故、核设施事故、国防科研生产事故的报告和调查处理不适用本条例。全文共 6 章 46 条。

2.3.5 《国务院关于进一步加强企业安全生产工作的通知》

国发〔2010〕23 号是继 2004 年《国务院关于进一步加强安全生产工作的决定》之后，国务院在加强安全生产工作方面的又一重大举措，充分体现了党中央、国务院对安全生产工作的高度重视。《通知》进一步明确了现阶段安全生产工作的总体要求和目标任务，提出了新形势下加强安全生产工作的一系列政策措施，涵盖企业安全管理、技术保障、产业升级、应急救援、安全监管、安全准入、指导协调、考核监督和责任追究等多个方面，是指导全国安全生产工作的纲领性文件。

2.4 国际公约

2.4.1 建筑业安全卫生公约（第 167 号公约）

《建筑业安全卫生公约》（第 167 号公约）是国际劳工组织为规范其会员国的建筑安全卫生活动而制定的重要国际劳工条约，于 1988 年 6 月 20 日经第 75 届国际劳工大会通过，并于 1991 年 1 月 11 日生效，共 44 条。

我国是国际劳工组织常任理事国，2001 年 10 月 27 日第 9 届全国人民代表大会常务委员会第 24 次会议决定：批准《建筑业安全卫生公约》。

《建筑业安全卫生公约》的内容与我国法律不相抵触；我国建筑法关于建筑安全管理的规定与该公约的要求完全相符。批准公约有利于进一步完善我国有关建筑安全的立法，提高我国的建筑安全卫生水平，从而为我国建筑行业职工提供更好的劳动保护。

2.4.2 建筑业安全与卫生建议书（第175号建议书）

国际劳工组织大会由国际劳工局理事会召集，于1988年6月1日在日内瓦举行了第75届会议。

大会按照本届会议第四项议程，通过了《建筑业安全和卫生建议书》。

《建筑业安全和卫生公约》和《建筑业安全和卫生建议书》中的各项规定特别适用于：

（1）建筑、土木工程以及预制建筑物和结构的安装和拆除工作；

（2）石油钻井的装配与架设，海洋平台岸上施工的近海装配和架设。

2.5 国家标准

在企业职工伤亡事故的统计、分析的规程方面，国家颁布了三个国家标准：

2.5.1 《企业职工伤亡事故分类标准》（GB 6441—86）

本标准自1987年2月起实施，是劳动安全管理的基础标准，适用于企业职工伤亡事故统计工作。

2.5.2 《企业职工伤亡事故调查分析规则》（GB 6442—86）

本标准自1987年2月起实施，是劳动安全管理的基础标准，是对企业职工在生产劳动过程中发生的伤亡事故（含急性中毒事故）进行调查分析的依据。

2.5.3 《企业职工伤亡事故经济损失统计标准》（GB 6721—86）

本标准自1987年2月起实施，规定了企业职工伤亡事故经济损失统计范围，计算方法和评价指标。

2.6 有关规章及规范性文件

2.6.1 《建筑业企业资质管理规定》

本规定于2006年12月30日经建设部第114次常务会议讨论通过，自2007年9月1日起施行。

为了加强对建筑活动的监督管理，维护公共利益和建筑市场秩序，保证建设工程质量安全，根据《中华人民共和国建筑法》、《中华人民共和国行政许可法》、《建设工程质量管理条例》、《建设工程安全生产管理条例》等法律、行政法规，制定本规定。

在中华人民共和国境内申请建筑业企业资质，实施对建筑业企业资质监督管理，适用本规定。本规定所称建筑业企业，是指从事土木工程、建筑工程、线路管道设备安装工程、装修工程的新建、扩建、改建等活动的企业。

2.6.2 《建筑施工企业安全生产许可证管理规定》

本规定于2004年6月29日建设部第37次常务会议讨论通过，2004年7月5日建设部令第128号发布，自公布之日起施行。

为了严格规范建筑施工企业安全生产条件，进一步加强安全生产监督管理，防止和减少生产安全事故，根据《安全生产许可证条例》、《建设工程安全生产管理条例》等有关行政法规，制定本规定。

2.6.3 《建筑施工企业主要负责人、项目负责人和专职安全生产管理人员安全生产管理规定》

本规定以住房和城乡建设部令第17号于2014年6月25日下发，自2014年9月1日起施行。

为了加强房屋建筑和市政基础设施工程施工安全监督管理，提高建筑施工企业主要负责人、项目负责人和专职安全生产管理人员（以下合称"安管人员"）的安全生产管理能力，根据《中华人民共和国安全生产法》、《建设工程安全生产管理条例》等法律法规，制定本规定。

本规定所称的企业主要负责人，是指对本企业生产经营活动和安全生产工作具有决策权的领导人员。

项目负责人，是指取得相应注册执业资格，由企业法定代表人授权，负责具体工程项目管理的人员。

专职安全生产管理人员，是指在企业专职从事安全生产管理工作的人员，包括企业安全生产管理机构的人员和工程项目专职从事安全生产管理工作的人员。

2.6.4 《建筑施工企业安全生产管理机构设置及专职安全生产管理人员配备办法》

本办法系住房和城乡建设部于 2008 年 5 月 13 日以建质〔2008〕91 号文件公布。

从事土木工程、建筑工程、线路管道和设备安装工程及装修工程的新建、改建、扩建和拆除等活动的建筑施工企业安全生产管理机构的设置及其专职安全生产管理人员的配备，适用本办法。

安全生产管理机构是指建筑施工企业及其在建设工程项目中设置的负责安全生产管理工作的独立职能部门。

专职安全生产管理人员是指经建设主管部门或者其他有关部门安全生产考核合格，并取得安全生产考核合格证书在企业从事安全生产管理工作的专职人员，包括企业安全生产管理机构的负责人及其工作人员和施工现场专职安全生产管理人员。

2.6.5 《危险性较大的分部分项工程安全管理办法》

为进一步规范和加强对危险性较大的分部分项工程安全管理，积极防范和遏制建筑施工生产安全事故的发生，住房和城乡建设部于 2009 年 5 月 13 日印发建质〔2009〕87 号文。

本办法适用于房屋建筑和市政基础设施工程（以下简称"建筑工程"）的新建、改建、扩建、装修和拆除等建筑安全生产活动及安全管理。

本办法所称危险性较大的分部分项工程是指建筑工程在施工过程中存在的、可能导致作业人员群死群伤或造成重大不良社会影响的分部分项工程。

2.6.6　《建筑起重机械安全监督管理规定》

本规定于 2008 年 1 月 8 日经建设部第 145 次常务会议讨论通过，以中华人民共和国建设部令第 166 号发布，自 2008 年 6 月 1 日起施行。共 35 条。

建筑起重机械的租赁、安装、拆卸、使用及其监督管理，适用本规定。本规定所称建筑起重机械，是指纳入特种设备目录，在房屋建筑工地和市政工程工地安装、拆卸、使用的起重机械。

《规定》对建筑起重机械、出租单位、自购建筑起重机械的使用单位，安装单位、使用单位、施工总承包单位、监理单位、建设单位、建设主管部门的安全职责和安全监督管理作了明确规定。

2.6.7 《建筑施工企业负责人及项目负责人施工现场带班暂行办法》

住房和城乡建设部于 2011 年 7 月 22 日以建质〔2011〕111 号文件形式发布。

为贯彻落实《国务院关于进一步加强企业安全生产工作的通知》（国发〔2010〕23 号），切实加强建筑施工企业及施工现场质量安全管理工作，制定了《建筑施工企业负责人及项目负责人施工现场带班暂行办法》。

该办法规定了房屋建筑和市政工程施工现场，建筑施工企业负责人带班检查、项目负责人施工现场带班生产的具体要求。

2.6.8 《生产安全事故应急预案管理办法》

《生产安全事故应急预案管理办法》已经 2009 年 3 月 20 日国家安全生产监督管理总局局长办公会议审议通过，现予公布，自 2009 年 5 月 1 日起施行。以第 17 号令的形式发布。

为了规范生产安全事故应急预案的管理，完善应急预案体系，增强应急预案的科学性、针对性、实效性，依据《中华人民共和国突发事件应对法》、

《中华人民共和国安全生产法》和国务院有关规定，制定本办法。

生产安全事故应急预案的编制、评审、发布、备案、培训、演练和修订等工作，适用本办法。

2.6.9 《特种作业人员安全技术培训考核管理规定》

《特种作业人员安全技术培训考核管理规定》已经 2010 年 4 月 26 日国家安全生产监督管理总局局长办公会议审议通过，现予以公布，自 2010 年 7 月 1 日起施行。以第 30 号令的形式发布。1999 年 7 月 12 日原国家经济贸易委员会发布的《特种作业人员安全技术培训考核管理办法》同时废止。

2.7 有关安全生产的现行标准

2.7.1 《建筑施工企业安全生产管理规范》 (GB 50656—2011)

2012 年 4 月 1 日实施。

该规范适用于建筑施工企业的安全生产管理活动，共分 16 章，主要内容是建筑施工企业安全管理要求，包括总则、术语、基本规定、安全目标、安全生产管理组织和责任体系、安全生产管理制度、安全生产教育培训、安全生产资金管理、施工设施、设备和临时建（构）筑物的安全管理、安全技术管理、分包安全生产管理、施工现场安全管理、事故应急救援、事故统计报告、安全检查和改进、安全考核和奖惩等。

2.7.2 《建设工程施工现场消防安全技术规范》（GB 50720—2011）

2011 年 8 月 1 日实施。

该规范适用于新建、改建和扩建等各类建设工程施工现场的防火。

该规范共分 6 章，其主要内容有：总则、术语、总平面布局、建筑防火、临时消防设施、防火管理。

2.7.3 《建筑施工安全技术统一规范》（GB 50870—2013）

2014 年 3 月 1 日实施。

本规范共分 8 章和 1 个目录，主要技术内容包括：总则、术语、基本规定、建筑施工安全技术规划、建筑施工安全技术分析、建筑施工安全技术控制、建筑施工安全技术监测与预警及应急救援、建筑施工安全技术管理。

本规范适用于建筑施工安全技术方案、措施的制定及实施管理。

2.7.4 《建筑施工场界环境噪声排放标准》(GB 12523—2011)

2012 年 7 月 1 日实施。

本标准适用于周围有噪声敏感建筑物的建筑施工噪声排放的管理、评价及控制。市政、通信、交通、水利等其他类型的施工噪声排放可参照本标准执行。

根据《中华人民共和国环境噪声污染防治法》，"昼间"是指 6:00 至 22:00 之间的时段；"夜间"是指 22:00 至次日 6:00 之间的时段。建筑施工场界环境噪声排放限值：昼间 70dB（A）夜间 55dB（A）。

2.7.5 《建筑机械使用安全技术规程》（JGJ 33—2012）

2012 年 11 月 1 日实施。

本规程是为保障建筑机械的正确、安全使用、发挥机械效能，确保安全生产而重新修订的。该规程适用于建筑安装、工业生产及维营企业中各种类型建筑机械的使用。该规程的主要内容包括：总则、一般规定（明确了操作人员的身体条件要求、上岗作业资格、防护用品的配置以及机构使用的一般条件）和 10 大类建筑机械使用所必须遵守的安全技术要求。

2.7.6 《施工现场临时用电安全技术规范》（JGJ 46—2005）

2005 年 7 月 1 日实施。

本规范的主要技术内容是：1. 总则；2. 术语、代号；3. 临时用电管理；4. 外电线路及电气设备防护；5. 接地与防雷；6. 配电室及自备电源；7. 配电线路；8. 电箱及开关箱；9. 电动建筑机械和手持式电动工具；10. 照明；附录（3 个）。

本规范修订的主要技术内容是：

（1）综合规定在施工现场专用的供电系统中应采用的 3 项技术原则；

（2）增设术语、代号为正文单独一章，删去附录中的名词解释；

（3）补充对施工用电工程验收的规定；

（4）将原"施工现场与周围环境"一章更名为"外电线路及电气设备防护"，增补对外电线路搭设防护设施和对易燃易爆物腐蚀介质、机械损伤防护措施的规定；

（5）补充在接零保护系统中，保护零线的设置以及相线、工作零线、保护零线绝缘颜色的规定，补充按滚球法确定防雷保护范围的规定；

（6）增加配电室照明设置的规定；

（7）增补电缆线路、电缆选择原则和敷设方式、方法的规定，以及五芯电缆应用原则的规定；

（8）增补配电箱、开关箱箱体结构和电器配置与接线的规定；

（9）增加电焊机设置二次触电保护装置，频繁操作设备设置控制器，以及对手持式电动工具进行绝缘检查的规定；

（10）增补使用可安全隔常变压器的规定，以及灯具与易燃易爆物之间的安全距离和防护措施的规定。

2.7.7 《建筑施工安全检查标准》（JGJ 59—2011）

2012 年 7 月 1 日实施。

《建筑施工安全检查标准》与《建筑施工安全检查评分标准》（JGJ 59—99）相比，采用安全系统工程原理，结合建筑施工伤亡事故规律，依据国家有关法律法规、标准和规程以及按照167号国际劳工公约《施工安全和卫生公约》的要求，增设了文明施工、基坑支护、模板工程、外用电梯和起重吊装5部分检查评分表，使检查评分标准由原来的7大类54项，增加到10大类158项。加强了提高安全生产和文明施工的管理水平，预防伤亡事故的发生，确保职工的安全和健康。

该标准适用于建筑施工企业及其主管部门对建筑施工安全工作的检查和评价。

2.7.8 《建筑施工高处作业安全技术规范》(JGJ 80—91)

1992年8月1日实施。

该"规范"对高处作业的安全技术措施及其所需料具；施工前的安全技术教育及交底；人身防护用品的落实；上岗人员的专业培训考试持证上岗和体格检查；作业环境和气象条件；临边、洞口、攀登、悬空作业；操作平台与交叉作业的安全防护设施的搭拆（包括临时移动）；以及主要受力杆件的计算、安全防护设施的验收都作出了规定。

2.7.9 《建设工程施工现场环境与卫生标准》（JGJ 146—2013）

2014 年 6 月 1 日起施行。

本标准 2013 年 11 月 8 日完成修订版发布。主要内容：（1）总则；（2）术语；（3）基本规定；（4）绿色施工；（5）环境卫生。本标准修订的主要技术内容是：（1）增加"术语"章节；（2）"基本规定"中增加关于职业健康的要求；（3）"绿色施工"一章中增设"节约能源资源"一节，增加关于绿色施工的要求；（4）"环境卫生"一章增加食品卫生相关要求。

2.7.10 《建筑拆除工程安全技术规范》（JGJ 147—2004）

2005 年 3 月 1 日施行。

本规范适用于工业与民用建筑、构筑物、市政基础设施、地下工程、房屋附属设施拆除的施工安全及管理。

2.7.11 《施工现场机械设备检查技术规程》(JGJ 160—2008)

2008 年 12 月 1 日实施。

本规程适用于新建、改建和扩建的工业与民用建筑及市政基础设施施工现场使用的机械设备检查。主要技术内容是：(1) 总则；(2) 术语；(3) 动力设备及低压配电系统；(4) 土方及筑路机械；(5) 桩工机械；(6) 起重机械与垂直运输机械；(7) 混凝土机械；(8) 焊接机械；(9) 钢筋加工机械；(10) 木工机械及其他机械；(11) 装修机械；(12) 掘进机械。

2.7.12 《建筑施工土石方工程安全技术规范》(JGJ 180—2009)

2009 年 12 月 1 日施行。

该规范适用于工业与民用建筑及构筑物工程的土石方施工与安全。主要技术内容是：总则、基本规定、机械设备、场地平整、土石方爆破、基坑工程、边坡工程等。

2.7.13 《建筑施工作业劳动防护用品配备及使用标准》(JGJ 184—2009)

2010 年 6 月 1 日施行。

该标准适用于建筑施工企业和建筑工程施工现场作业的劳动防护用品的配备、使用及管理。标准的主要内容是：劳动防护用品的配备及基本规定；劳动防护用品使用及管理。从事新建、改建、扩建和拆除等有关建筑活动的施工企业，应依据本标准为从业人员配备相应的劳动防护用品，使其免遭或减轻事故伤害和职业危害。进入施工现场的施工人员和其他人员，应依据本标准正确佩戴相应的劳动防护用品，以确保施工过程中的安全和健康。

2.7.14 《施工企业安全生产评价标准》(JGJ/T 77—2010)

2010 年 11 月 1 日实施。

本标准适用于施工企业及政府主管部门对企业安全生产条件、业绩的评价，以及在此基础上对企业安全生产能力的综合评价。

2.7.15 《建筑与市政工程施工现场专业人员职业标准》（JGJ/T 250—2011）

2012 年 1 月 1 日实施。

本标准的主要技术内容是：建筑与市政工程施工现场专业人员的工作职责、专业技能、专业知识，以及组织职业能力评价的基本要求。

2.7.16 《生产经营单位生产安全事故应急预案编制导则》（GB/T 29639—2013）

2013 年 10 月 1 日起实施。

本导则规定了生产经营单位编制生产安全事故应急预案的编制程序、体系构成和综合应急预案、专项应急预案、现场处置方案以及附件。

本导则适用于生产经营单位的应急预案编制工作。

3 生产安全事故及应急管理

3.1 生产安全事故概念与等级分类

3.1.1 生产安全事故的概念

《生产安全事故报告和调查处理条例》（国务院493号）明确规定：生产安全事故是指在生产经营活动中发生的造成人员伤亡（包括急性工业中毒）或者直接经济损失的事故。

"急性工业中毒"是指人体因接触国家规定的工业性毒物、有害气体，一次或短期内吸入大量工业有毒物质，使人体在短期时间内发生病变，导致人员立即中断工作、入院治疗的事故。

"直接经济损失"是指生产经营活动中因事故造成的人身伤亡、善后处理、事故救援、事故处理所支出的费用和财产损失价值等合计。

3.1.2 伤亡事故的分类

3.1.2.1 按伤害程度分类

（1）轻伤事故：指损失工作日低于 105 日的失能伤害（受伤者暂时不能从事原岗位工作）的事故。

（2）重伤事故：是指损失工作日等于或超过 105 日的失能伤害的事故。

（3）死亡事故：事故发生后当即死亡或负伤后 30 日内死亡的事故，损失工作日定位 6000 日。

3.1.2.2 按事故严重程度分类

（1）轻伤事故：在一次事故中只有轻伤发生的事故。

（2）重伤事故：在一次事故中有重伤而无死亡发生的事故。

（3）死亡事故：分重大伤亡事故和特大伤亡事故。重大伤亡事故指一次事故死亡 1~2 人的事故。特大伤亡事故指一次事故死亡 3 人以上的事故。

3.1.2.3 按事故等级分类

（1）特别重大事故，是指造成 30 人以上死亡，或者 100 人以上重伤（包括急性工业中毒，下同），或者 1 亿元以上直接经济损失的事故；

（2）重大事故，是指造成 10 人以上 30 人以下死亡，或者 50 人以上 100 人以下重伤，或者 5000 万元以上 1 亿元以下直接经济损失的事故；

（3）较大事故，是指造成 3 人以上 10 人以下死亡，或者 10 人以上 50 人以万重伤，或者 1000 万元以上 5000 万元以下直接经济损失的事故；

（4）一般事故，是指造成 3 人以下死亡，或者 10 人以下重伤，或者 1000 万元以下直接经济损失的事故。

上述所称的"以上"包括本数，所称的"以下"不包括本数。

3.1.3　事故类别

事故类别，是指直接使从业人员受到伤害的原因即伤害方式的划分，是生产安全事故统计中的一种分类方法。

《企业职工伤亡事故分类》GB 6441—86 规定的伤亡事故类别。共有 20 类，施工现场的事故一般有以下几种：

（1）物体打击，指物体在重力作用下，倾斜、断裂、倒塌时的下落物、飞溅物造成的伤害。

（2）车辆伤害，指厂内机动车辆在行驶中引起的挤压、坠落、撞车或倾覆等引起的伤害事故。

（3）机具伤害，指机械设备、工具加工件直接与人体接触引起的碰撞、夹击、剪切、绞、辗、卷入、割、戳、刺入等的伤害。

（4）起重伤害，指起重设备在操作过程中所引起的伤害。

（5）触电，指电流流经人体，造成生理伤害的事故。包括雷击伤害。

（6）灼烫，适用于烧伤、烫伤、化学灼伤、放射性皮肤损伤等事故。不包括电烧伤以及火灾事故引起的烧伤。

（7）火灾。

（8）高处坠落，包括从架子、屋顶上坠落以及从平地坠入地坑等。

（9）坍塌，包括建筑物、堆置物、土石方倒塌等。

（10）中毒和窒息，指煤气、油气、沥青、化学、一氧化碳中毒等。食物造成的中毒也列入。

（11）其他伤害，有冻伤、摔伤、扭伤、挫伤、被物体刺伤、割伤、被动物咬伤，非机动车辆碰撞、轧伤及中暑等。

3.2 生产安全事故报告

3.2.1 报告程序与逐级上报

事故发生后，事故现场有关人员应当立即向本单位负责人报告；单位负责人接到报告后，应当于1小时内向事故发生地县级以上人民政府安全生产监督管理部门和负有安全生产监督管理职责的有关部门报告。

情况紧急时，事故现场有关人员可以直接向事故发生地县级以上人民政府安全生产监督管理部门和负有安全生产监督管理职责的有关部门报告。

安全生产监督管理部门和负有安全生产监督管理职责的有关部门接到事故报告后，应当依照下列规定上报事故情况，并通知公安机关、劳动保障行政部门、工会和人民检察院：

（1）特别重大事故、重大事故逐级上报至国务院安全生产监督管理部门和负有安全生产监督管理职责的有关部门；

（2）较大事故逐级上报至省、自治区、直辖市人民政府安全生产监督管理部门和负有安全生产监督管理职责的有关部门；

（3）一般事故上报至设区的市级人民政府安全生产监督管理部门和负有安全生产监督管理职责的有关部门。

3.2.2 事故报告的原则、时限、内容

3.2.2.1 事故报告原则

（1）实行施工总承包的施工单位发生安全事故时由总承包单位负责上报事故。

（2）事故报告应当及时、准确、完整，任何单位和个人对事故不得迟报、漏报、谎报或者瞒报。

（3）情况紧急时，事故现场有关人员可以直接向事故发生地安全生产监督管理部门和建设行政主管部门报告。

（4）必要时，安全生产监督管理部门和建设行政主管部门可以越级上报事故情况。

3.2.2.2 伤亡事故报告时限

（1）发生事故后，事故现场有关人员应当立即报告本单位负责人。

（2）单位负责人接到事故报告后，应当在 1 小时内向负责安全生产监督管理的部门、建设行政主管部门或者其他有关部门报告；

（3）安全生产监督管理部门建设行政主管部门

有关部门逐级上报事故情况，每级上报的时间不得超过 2 小时。

（4）自事故发生之日起 30 日内，事故造成的伤亡人数发生变化的，应当及时补报。

道路交通事故、火灾事故自发生之日起 7 日内，事故造成的伤亡人数发生变化的，应当及时补报。

3.2.2.3　伤亡事故报告内容

报告事故应当包括下列内容：

（1）事故发生单位概况；

（2）事故发生的时间、地点以及事故现场情况；

（3）事故的简要经过；

（4）事故已经造成或者可能造成的伤亡人数（包括下落不明的人数）和初步估计的直接经济损失；

（5）已经采取的措施；

（6）其他应当报告的情况。

3.2.3　事故现场的保护

事故发生单位负责人接到事故报告后，应当立即启动事故相应应急预案，或者采取有效措施，组织抢救，防止事故扩大，减少人员伤亡和财产损失。

事故发生地有关地方人民政府、安全生产监督管理部门和建设行政主管部门等有关部门接到事故报告后，其负责人应当立即赶赴事故现场，组织事故救援。

事故发生后，有关单位和人员应当妥善保护事故现场以及相关证据，任何单位和个人不得破坏事故现场、毁灭相关证据。

因抢救人员、防止事故扩大以及疏通交通等原因，需要移动事故现场物件的，应当做出标志，绘制现场简图并做出书面记录，妥善保存现场重要痕迹、物证。

3.3 生产安全事故的调查

3.3.1 事故的调查处理原则

（1）事故调查处理应当坚持实事求是、尊重科学的原则，及时、准确地查清事故经过、事故原因和事故损失，查明事故性质，认定事故责任，总结事故教训，提出整改措施，并对事故责任者依法追究责任。

（2）事故发生地有关地方人民政府应当支持、配合上级人民政府或者有关部门的事故调查处理工作，并提供必要的便利条件。

参加事故调查处理的部门和单位应当互相配合，提高事故调查处理工作的效率。

（3）工会依法参加事故调查处理，有权向有关部门提出处理意见。

（4）任何单位和个人不得阻挠和干涉事故的报告和依法调查处理。

3.3.2 伤亡事故的调查组

3.3.2.1 伤亡事故调查的组织原则

（1）轻伤、重伤事故由生产经营单位组成事故调查组。事故调查组由本单位安全、生产、技术等有关人员以及本单位工会代表参加。

（2）重伤事故发生地的区（县）人民政府安全生产监督管理部门建设行政主管部门认为有必要时，可派员参加事故调查组或直接组织事故调查组。

（3）一般事故由事故发生地区（县）人民政府组织成立事故调查组，进行调查。

（4）较大事故由事故发生地设区的市人民政府

组织事故调查组进行调查。

（5）重大事故发生地省级人民政府组织事故调查组进行调查。

各级人民政府可以直接组织事故调查组，进行事故调查。也可以授权或者委托有关部门组织事故调查组进行调查。

（6）特别重大事故由国务院或者国务院授权有关部门组织事故调查组进行调查。

3.3.2.2　事故调查组成员组成

事故调查组的组成应当遵循精简、效能的原则。

（1）根据事故的具体情况，事故调查组由有关人民政府、安全生产监督管理部门、建设行政主管部门、事故发生单位的主管部门、监察机关、公安机关以及工会派人组成，并应当邀请人民检察院派人参加。

事故调查组可以聘请有关专家参与调查。

（2）事故调查组成员应当具有事故调查所需要的知识和专长，并与所调查的事故没有直接利害关系。

（3）事故调查组组长由负责事故调查的人民政府指定。事故调查组组长主持事故调查组的工作。

3.3.2.3　事故调查组的职责

（1）查明事故发生的经过、原因、人员伤亡情况及直接经济损失；

（2）认定事故的性质和事故责任；

（3）提出对事故责任者的处理建议；

（4）总结事故教训，提出防范和整改措施；

（5）提交事故调查报告。

3.3.2.4　事故调查组的权利

（1）事故调查组有权向有关单位和个人了解与事故有关的情况，并要求其提供相关文件、资料，有关单位和个人不得拒绝。

（2）事故调查中发现涉嫌犯罪的，事故调查组应当及时将有关材料或者其复印件移交司法机关处理。

（3）事故调查中需要进行技术鉴定的，事故调查组应当委托具有医疗规定资质的单位进行技术鉴定。必要时，事故调查组可以直接组织专家进行技术鉴定。技术鉴定所需时间不计入事故调查期限。

（4）事故调查组成员在事故调查工作中应当诚信公正、恪尽职守，遵守事故调查组的纪律，保守事故调查的秘密。未经事故调查组组长允许，事故调查组成员不得擅自发布有关事故的信息。

3.3.3 事故的现场勘查与材料收集

3.3.3.1 事故发生后

事故调查组成员到事故现场听取事故单位对事故的简要情况介绍，落实防护措施后，对事故现场进行勘查，勘查应该做到及时、全面、细致、客观。

3.3.3.2 现场勘察的主要内容

（1）人员伤亡情况收集与事故鉴别。记录有关的材料，如发生事故的单位、地点时间；受害人员与肇事者的姓名、性别、年龄、工龄、文化程度、技术状况、安全教育情况、职务、工种及用工性质等；出事当班受害人和肇事者开始工作时间、工作内容、工作量、作业程序、操作时的行为举动和位置以及过去的事故记录。

（2）事故造成的财物损失情况。包括事故造成破坏规模、损坏设备情况（数量、损坏程度、价值等）。

3.3.3.3 与事故有关的情况

如事故发生前设备、设施的性能、质量情况，所使用的材料数量、质量情况；有关设计和工艺方面的技术文件、图纸资料、工作指令和规章制度建立执行情况；工作环境状况；个人防护措施状况；与事故有关人员身体健康状况及其他与事故致因有关的因素或细节。

3.3.3.4 物证收集

收集事故现场的破损部件、碎片、残留物、致害物等，将收集到的物证一一记录，贴上标签，并注明地点、现场状态等。将与事故有关的物体、痕迹、状态、照明等有关情况，全部记录在档。

3.3.3.5 证人材料收集

应尽快找到事故当事人和单位负责人等有关人员，及时了解有关事故情况，证人材料的收集应及时。为了确保证人材料的真实性、准确性和可靠性，对证人的口述材料进行认真考证。

3.3.3.6 摄影和绘制事故图、拍摄事故现场照片

应反映伤亡事故现场的原始状态和勘查过程中发现的各种痕迹及物证。拍照的内容要准确、真实、客观、全面和系统。要拍摄出伤亡事故现场的方位、概貌、中心和参照物等，以便于事故分析。

事故现场图包括方位图、全貌图和专项图等，必要时可用几幅图来表示。图中所采用的符号和表示方法，必须通俗易懂，符合一般图示原则，必要时加文字说明。

3.3.4 事故原因分析

3.3.4.1 事故分析步骤

首先整理和仔细阅读调查材料，按以下 7 项内容进行分析

（1）受伤部位：指身体受伤的部位；

（2）受伤性质：指人体受伤的类型；

（3）起因物：导致事故发生的物体、物资，称为起因物；

（4）致害物：指直接引起伤害及中毒的物体或物质；

（5）伤害方式：指致害物与人体发生接触的方式；

（6）不安全状态：指能导致事故发生的物质条件；

（7）不安全行为：指能造成事故的人为错误。

3.3.4.2 确定事故的直接原因、间接原因和事故责任者

（1）事故的直接原因是指直接导致事故发生的原因，又称一次原因，也是时间上最接近事故发生的原因，事故直接原因常分为人的不安全行为和物的不安全状态。

（2）事故的间接原因，一是指使事故直接原因得以产生和存在的原因，

事故间接原因有以下几种：

1）技术和设计上有缺陷；

2）教育培训不够，未经培训，缺乏或不懂安全操作技术知识；

3）劳动组织不合理；

4）对现场工作缺乏检查或指导错误；

5）没有工艺和安全操作规程或管理制度不健全；

6）对事故隐患整改不力；

7）其他。

3.3.4.3 事故责任分析

根据事故调查所确认的事实，通过对直接原因和间接原因的分析，确定事故的直接责任者和领导责任者，再根据其在事故发生过程中的作用，确定主要责任者。

3.3.5 事故调查报告

3.3.5.1 事故调查报告内容

（1）事故发生单位概况；

（2）事故发生经过和事故救援情况；

（3）事故造成的人员伤亡和直接经济损失；

（4）事故发生的原因和事故性质；

（5）事故责任的认定以及对事故责任者的处理建议；

（6）事故防范和整改措施。

3.3.5.2 事故调查报告的时限

事故调查报告报送负责事故调查的人民政府后，事故调查工作即告结束。事故调查的有关资料应当归档保存。

事故调查组应当自事故发生之日起 60 日内提交事故调查报告；特殊情况下，经负责事故调查的人民政府批准，提交事故调查报告的期限可以适当延长，但延长的期限最长不超过 60 日。

3.4 生产安全事故处理

3.4.1 事故调查报告的批复

3.4.1.1 事故调查报告的受理单位

事故调查结束后，事故调查报告报送负责事故调查的人民政府、安全生产监督管理部门、建设行政主管部门以及其他有关部门。

3.4.1.2 批复的主体

（1）负责事故调查的人民政府应当对报来的事故调查报告审查同意后以正式文件批复，并在批复文件上明确对落实防范措施的事故责任人员处理的意见。

（2）不同等级事故的调查报告由不同级别的人民政府批复。即：特别重大事故的调查报告由国务院批复；重大事故、较大事故、一般事故的事故调查报告分别由负责事故调查的有关省级人民政府、社区的市级人民政府、县级人民政府批复。

3.4.1.3　批复的时限

（1）重大事故、较大事故、一般事故，负责事故调查的人民政府应当自收到事故调查报告之日起15日内做出批复：

（2）特别重大事故，30日内做出批复，

（3）特殊情况下，批复时间可以适当延长7日但延长的时间最长不超过30日。

3.4.1.4　对批复的落实

有关机关应当按照人民政府的批复，依照法律、行政法规规定的权限和程序，对事故发生单位和有关人员进行行政处罚，对负有事故责任的国家工作人员进行处分。

事故发生单位应当按照负责事故调查的人民政

府的批复，对本单位负有事故责任的人员进行处理。

负有事故责任的人员涉嫌犯罪的，依法追究刑事责任。

事故发生单位应当认真吸取事故教训，落实防范和整改措施，防止事故再次发生。防范和整改措施的落实情况应当接受工会和职工的监督。

安全生产监督管理部门和负有安全生产监督管理职责的有关部门应当对事故发生单位落实防范和整改措施的情况进行监督检查。

事故处理的情况由负责事故调查的人民政府或者其授权的有关部门、机构向社会公布，依法应当保密的除外。

3.4.2 事故处理情况的公布

事故处理的情况由负责事故调查的人民政府或者其授权的有关部门、机构向社会公布，依法应当保密的除外。

向社会公布事故处理情况应当采用社会公众容易获知的形式，例如采用广播、电视、报纸等新闻媒体，其形式可以是一种，也可以同时采用多种形式。

3.4.3 事故结案归档材料

事故发生单位应建立事故档案，事故处理结案后，应将有关资料整理存档，以备查考，应归档的事故资料如下：

（1）职工伤亡事故登记表

（2）职工伤、重伤事故调查报告书及批复

（3）现场调查记录、图纸、照片

（4）技术鉴定和试验报告

（5）物证、人证材料

（6）直接和间接经济损失材料

（7）事故责任者的自述材料

（8）医疗部门对伤亡人员的诊断书

（9）发生事故时的工艺条件、操作情况和设计资料

（10）处分决定和受处分人员的检查材料

（11）有关事故的通报、简报及文件

（12）注明参加调查组的人员姓名、职务、单位

3.5 生产安全事故法律责任

事故发生单位主要负责人有下列行为之一的，

处上一年年收入40%至80%的罚款；属于国家工作人员的，并依法给予处分；构成犯罪的，依法追究刑事责任：

（一）不立即组织事故抢救的；

（二）迟报或者漏报事故的；

（三）在事故调查处理期间擅离职守的。

事故发生单位及其有关人员有下列行为之一的，对事故发生单位处100万元以上500万元以下的罚款；对主要负责人、直接负责的主管人员和其他直接责任人员处上一年年收入60%至100%的罚款；属于国家工作人员的，并依法给予处分；构成违反治安管理行为的，由公安机关依法给予治安管理处罚；构成犯罪的，依法追究刑事责任：

（一）谎报或者瞒报事故的；

（二）伪造或者故意破坏事故现场的；

（三）转移、隐匿资金、财产，或者销毁有关证据、资料的；

（四）拒绝接受调查或者拒绝提供有关情况和资料的；

（五）在事故调查中作伪证或者指使他人作伪证的；

（六）事故发生后逃匿的。

事故发生单位对事故发生负有责任的，依照下列规定处以罚款：

（一）发生一般事故的，处 10 万元以上 20 万元以下的罚款；

（二）发生较大事故的，处 20 万元以上 50 万元以下的罚款；

（三）发生重大事故的，处 50 万元以上 200 万元以下的罚款；

（四）发生特别重大事故的，处 200 万元以上 500 万元以下的罚款。

事故发生单位主要负责人未依法履行安全生产管理职责，导致事故发生的，依照下列规定处以罚款；属于国家工作人员的，并依法给予处分；构成犯罪的，依法追究刑事责任：

（一）发生一般事故的，处上一年年收入 30% 的罚款；

（二）发生较大事故的，处上一年年收入 40% 的罚款；

（三）发生重大事故的，处上一年年收入 60% 的罚款；

（四）发生特别重大事故的，处上一年年收入 80% 的罚款。

有关地方人民政府、安全生产监督管理部门和负有安全生产监督管理职责的有关部门有下列行为之一的，对直接负责的主管人员和其他直接责任人员依法给予处分；构成犯罪的，依法追究刑事责任：

（一）不立即组织事故抢救的；

（二）迟报、漏报、谎报或者瞒报事故的；

（三）阻碍、干涉事故调查工作的；

（四）在事故调查中作伪证或者指使他人作伪证的。

事故发生单位对事故发生负有责任的，由有关部门依法暂扣或者吊销其有关证照；对事故发生单位负有事故责任的有关人员，依法暂停或者撤销其与安全生产有关的执业资格、岗位证书；事故发生单位主要负责人受到刑事处罚或者撤职处分的，自刑罚执行完毕或者受处分之日起，5 年内不得担任任何生产经营单位的主要负责人。

为发生事故的单位提供虚假证明的中介机构，由有关部门依法暂扣或者吊销其有关证照及其相关人员的执业资格；构成犯罪的，依法追究刑事责任。

参与事故调查的人员在事故调查中有下列行为

之一的，依法给予处分；构成犯罪的，依法追究刑事责任：

（一）对事故调查工作不负责任，致使事故调查工作有重大疏漏的；

（二）包庇、袒护负有事故责任的人员或者借机打击报复的。

违反本条例规定，有关地方人民政府或者有关部门故意拖延或者拒绝落实经批复的对事故责任人的处理意见的，由监察机关对有关责任人员依法给予处分。

本条例规定的罚款的行政处罚，由安全生产监督管理部门决定。

3.6 应急预案管理

3.6.1 管理要求

生产经营单位的应急预案按照针对情况的不同，分为综合应急预案、专项应急预案和现场处置方案。

生产经营单位风险种类多、可能发生多种事故类型的，应当组织编制本单位的综合应急预案。综合应急预案应当包括本单位的应急组织机构及其职责、预案体系及响应程序、事故预防及应急保障、应急培训及预案演练等主要内容。

对于某一种类的风险，生产经营单位应当根据存在的重大危险源和可能发生的事故类型，制定相应的专项应急预案。专项应急预案应当包括危险性分析、可能发生的事故特征、应急组织机构与职责、预防措施、应急处置程序和应急保障等内容。

对于危险性较大的重点岗位，生产经营单位应当制定重点工作岗位的现场处置方案。现场处置方案应当包括危险性分析、可能发生的事故特征、应急处置程序、应急处置要点和注意事项等内容。

生产经营单位编制的综合应急预案、专项应急预案和现场处置方案之间应当相互衔接，并与所涉及的其他单位的应急预案相互衔接。

应急预案应当包括应急组织机构和人员的联系方式、应急物资储备清单等附件信息。附件信息应当经常更新，确保信息准确有效。

3.6.2 应急预案的主要内容

建筑施工生产安全事故应急预案应根据施工现场安全管理、工程特点、环境特征和危险等级制订。应对安全事故的风险特征进行安全技术分析，对可能引起次生灾害的风险，应有预防技术措施。

建筑施工生产安全事故应急预案应包括下列内容：

（1）建筑施工中潜在的风险及其类别、危险程度；

（2）发生紧急情况时应急救援组织机构与人员职责分工、权限；

（3）应急救援设备、器材、物资的配置、选择、使用方法和调用程序；为保持其持续的适用性，对应急救援设备、器材、物资进行维护和定期检测的要求；

（4）应急救援技术措施的选择和采用；

（5）与企业内部相关职能部门以及外部（政府、消防、救险、医疗等）相关单位或部门的信息报告、联系方法；

（6）组织抢险急救、现场保护、人员撤离或疏散等活动的具体安排等。

3.6.3 演练与修订

生产经营单位应当组织开展本单位的应急预案培训活动，使有关人员了解应急预案内容，熟悉应急职责、应急程序和岗位应急处置方案。

应急预案的要点和程序应当张贴在应急地点和应急指挥场所，并设有明显的标志。生产经营单位应当制定本单位的应急预案演练计划，根据本单位的事故预防重点，每年至少组织一次综合应急预案演练或者专项应急预案演练，每半年至少组织一次现场处置方案演练。

应急预案演练结束后，应急预案演练组织单位应当对应急预案演练效果进行评估，撰写应急预案演练评估报告，分析存在的问题，并对应急预案提出修订意见。

4 城镇道路施工安全基本要求

4.1 施工现场安全生产管理体系

施工单位应根据《施工企业安全生产管理规范》（GB 50656）要求，实行项目化管理，建立并实施现场施工安全生产管理体系，建立以项目经理为第一责任人，覆盖项目相关参建单位和人员的安全生产管理网络，确保"横向到边，纵向到底"。

现场项目经理部应根据企业安全生产管理规章制度，实施施工现场安全生产管理，强化过程控制，内容应包括：

（1）制定项目安全管理目标，建立安全生产组织与责任体系，明确安全生产"一岗双责"相关要求，实施责任考核；

（2）合理配置资源，费用、人员、设施、设备等应满足安全生产需要；

（3）编制安全技术措施、方案、应急预案，涉及到交通组织的，应征得交通管理部门的支持和配合；

（4）落实施工过程的安全生产措施，组织安全检查，整改安全隐患；

（5）组织施工现场场容场貌、作业环境和生活设施安全文明达标；

（6）确定消防安全责任人，制定用火、用电、使用易燃易爆材料等各项消防安全管理制度和操作规程，并在施工现场入口处设置有明显标志；

（7）组织事故应急救援抢险；

（8）对施工安全生产管理活动进行必要的记录，保存应有的资料和记录。

4.2 安全管理人员职业标准

从事城镇道路工程施工的安全管理人员应持证上岗，并应认真学习并执行国家现行有关法律、法规、标准、规范。

安全员的工作职责　　　表4-1

项次	分类	主要工作职责
1	项目安全策划	(1) 参与制定施工项目安全生产管理计划 (2) 参与建立安全生产责任制度 (3) 参与制定施工现场安全事故应急救援预案
2	资源环境安全检查	(4) 参与开工前安全条件检查 (5) 参与施工机械、临时用电、消防设施等的安全检查 (6) 负责防护用品和劳保用品的符合性审查 (7) 负责作业人员的安全教育培训和特种作业人员资格审查
3	作业安全管理	(8) 参与编制危险性较大的分部、分项工程专项施工方案 (9) 参与施工安全技术交底 (10) 负责施工作业安全及消防安全的检查和危险源的识别，对违章作业和安全隐患进行处置 (11) 参与施工现场环境监督管理
4	安全事故处理	(12) 参与组织安全事故应急救援演练，参与组织安全事故救援 (13) 参与安全事故的调查、分析

项次	分类	主要工作职责
5	安全资料管理	(14) 负责安全生产的记录、安全资料的编制 (15) 负责汇总、整理、移交安全资料

安全员应具备的专业技能　　　表4-2

项次	分类	专 业 技 能
1	项目安全策划	(1) 能够参与编制项目安全生产管理计划 (2) 能够参与编制安全事故应急救援预案
2	资源环境安全检查	(3) 能够参与对施工机械、临时用电、消防设施进行安全检查，对防护用品与劳保用品进行符合性判断 (4) 能够组织实施项目作业人员的安全教育培训
3	作业安全管理	(5) 能够参与编制安全专项施工方案 (6) 能够参与编制安全技术交底文件，并实施安全技术交底 (7) 能够识别施工现场危险源，并对安全隐患和违章作业进行处置 (8) 能够参与项目文明工地、绿色施工管理

项次	分类	专 业 技 能
4	安全事故处理	(9) 能够参与安全事故的救援处理、调查分析
5	安全资料管理	(10) 能够编制、收集、整理施工安全资料

安全员应具备的专业知识 表4-3

项次	分类	专 业 知 识
1	通用知识	(1) 熟悉国家工程建设相关法律法规 (2) 熟悉工程材料的基本知识 (3) 熟悉施工图识读的基本知识 (4) 了解工程施工工艺和方法 (5) 熟悉工程项目管理的基本知识
2	基础知识	(6) 了解建筑力学的基本知识 (7) 熟悉建筑构造、建筑结构和建筑设备的基本知识 (8) 掌握环境与职业健康管理的基本知识

项次	分类	专　业　知　识
3	岗位知识	（9）熟悉与本岗位相关的标准和管理规定 （10）掌握施工现场安全管理知识 （11）熟悉施工项目安全生产管理计划的内容和编制方法 （12）熟悉安全专项施工方案的内容和编制方法 （13）掌握施工现场安全事故的防范知识 （14）掌握安全事故救援处理知识

4.3　施工安全技术准备

（1）开工前，项目经理部应开展施工现场危险源、环境因素辨识、评价、策划，制定管理措施，并进行项目安全策划，制订针对性的控制措施。

（2）开工前应根据工程项目特点和施工现场实际编制相应的安全技术措施。

（3）工程施工前，应根据国家及地方相关规定，编制施工组织设计、专项施工方案（措施）；施工中必须建立安全技术交底制度，并对作业人员进行相关的安全技术教育与培训。作业前主管施工技术人员必须向作业人员进行详尽的安全技术交底，并形成书面文件。

（4）依据政府有关安全、文明施工生产的法规规定，结合工程特点、现场环境条件，安排搭建现场临时生产、生活设施，制定施工管理措施，结合施工部署与进度计划，做好安全、文明生产和环境保护工作。

4.4 施工临时用电准备

（1）根据《施工现场临时用电安全技术规范》（JGJ 46）要求，编制临时用电施工组织设计，经企业技术负责人审批后实施；

（2）项目部应配有专职电工，建立临时用电管理安全技术档案，加强施工过程中的临时用电管理，以及对各种用电设备进行日常维护。

（3）所有动力设备应有可靠的接地保护和防雷措施。

4.5 地上地下管线调查与保护

城镇道路施工范围内的新建地下管线、人行地道等地下构筑物宜先行施工。对埋深较浅的既有地下管线，作业中可能受损时，应向建设单位、设计单位提出加固或挪移措施方案，并办理手续，予以实施。

与道路同期施工，敷设于城镇道路下的新管线等构筑物，应按先深后浅的原则与道路配合施工。施工中应保护好既有及新建地上杆线、地下管线等建（构）筑物。涉及到新旧管线接通的，应落实好安全技术措施。

在施工前应按交底要求和管线资料，调查施工范围内及其周边地下管线分布状况、核准管位，并根据管线对工程的影响程度，制定相应有效的管线保护技术措施和应急预案。

在距离原有地下管线半径不大于1m范围内实施施工作业时，严禁采用机械开挖。在重要管线或管线复杂地段施工时，应开挖样沟、样洞，派专人监护，并通知相关管线管理单位到现场确认。

道路上各类管线施工未完成，窨井盖凸出现有路面的，应采用必要的加固措施，在窨井盖周边应铺设一定坡度的斜坡，确保路面通行平稳。

4.6 场地平整、清理

（1）场地平整的机械应先期进场，以便完成征地后立即开展平整压实工作。

（2）施工场地平整工作应一次到位，做好防排水设施，所有清表、弃方应规范堆弃，不得影响周围环境。

（3）租用场地或临时占用，需办理相关手续，签订书面文件。

（4）施工前应按施工组织设计要求对建（构）筑物、现状管线、排水设施实施迁移或加固，并应作明显标志。

4.7 施工临时便道

施工前，应根据工程规模、环境条件，修筑临时施工道路。临时施工道路应满足施工机械调运和行车安全要求，且不得妨碍施工。

占用城市道路施工时，应遵循公安交通部门和路政管理部门的相关规定，办妥相关手续。对车辆和行人出入通行有影响的，应设置临时通行道路。

占用人行道施工时，在邻近商业、企业、办公楼或者居民住宅出入、通行一侧，应搭设有临边安全围护的行人通道，行人通道应坚固、平整、连续，并定期检查，保持清洁。

道路施工半开放或者全开放交通的、道路上开挖当日不能完成且妨碍道路安全通行的，必须采用必要的防护措施，确保车辆和行人正常通行。

4.8　城镇道路施工安全防护

（1）施工前，应根据现场与周边环境条件、交通状况与道路交通管理部门，研究制定交通疏导或导行方案，并实施完毕。施工中影响或阻断既有人行交通时，应在施工前采取措施，保障人行交通畅通、安全。

（2）城镇道路施工，应按规定在施工路段的两端点或路段的交叉路口，设置公安交通管理部门规定的车辆禁行或限速、车辆导流、行人导流等警示标志（牌）灯。警示标志应设置在不妨碍行人和车辆通行的醒目处，并应顺车流方向从上游开始布置。

（3）施工路段两端的围挡或施工路栏端点上，应安置夜间通行警示灯或具有夜间反光功能的警示设施。使用定型化施工路栏的，应在通行道路一侧增设警示灯，确保行人和车辆通行安全。

（4）城镇道路施工需要搭设防护棚架、防护架或脚手架时，施工单位应在其搭设物的两端，以及行人和车辆通道醒目处设置安全通行、防火等警示标志。

（5）城镇道路施工搭设防护棚架、防护架或脚手架等，应挂设明确限高、限宽或限速的标志、标牌，标志、标牌的选用、制作和挂放应符合公安部门的相关规定。

（6）施工使用的各类交通标志及其设置，应符合现行《道路交通标志和标线》及公安交通部门相关法规或规定，并保持稳固，确保抗风力达到7级以上。

（7）施工单位应每天对各类标志和设施进行检查、清洁和维护，确保日常安全。

（8）重点区域道路施工时，施工单位应昼夜进行现场值班巡逻。在交通繁忙路口施工，施工单位应派人或委托交通协管人员协助交通指挥，引导行人或车辆安全通行，确保路口通行畅通。

（9）城镇道路施工实施上下道工序施工更替时，上道工序完工的施工单位，不得在下道工序施工单位接替更换前拆除各类警示标志以及围挡和施工路栏。

（10）在施工现场未实施交付验收，投入使用前不得撤除围挡或施工路栏，以及施工铭牌和各类警示标志。

（11）施工完毕交付验收后，应迅速清除障碍，消除安全隐患，其障碍和设施的撤除应从施工区的末端逆车流方向实施，确保撤除安全。

（12）城镇新建、扩建、改建道路等施工，应在工程范围两端设置大门、封闭围挡，主要出入口应设置施工铭牌、告示牌等，并设置相应的警示警告、交通导向标识。

（13）施工中，前一分项工程未经验收合格严禁进行后一分项工程施工，同时应做好已完工程的保护，窨井等设置必要的安全防护措施。重要路段，应设置必要的警示警告标志。

5 城镇道路路基施工安全技术要求

5.1 一般规定

施工现场清运土方的车辆应在指定地点停放；车箱应封闭，车辆出入现场应设专人指挥；清运土方的作业时间应遵守有关规定；必要时，派专人采取洒水等降尘措施。

卸管子、工具、升降土斗时必须垂直，转向要控制慢速，坑内操作人员不许在吊钩下站立。卸下物件，在离地 0.5m 以下时才许操作人员扶物就位。起吊物件要有专人指挥。

不得在斜坡、坚硬场地、软硬不匀或高低不平的场地进行夯实，以防内燃夯侧倒翻，造成事故。

施工中，发现文物、古迹、不明物应立即停止施工，保护好现场，通知建设单位及有关管理部门到场处理。

各种机具仪器必须由具有操作资格的人员

操作。

5.2 翻挖老旧路面

（1）施工前，应根据旧道路结构和现场环境状况，确定挖除方法和选择适用的机具；作业人员应避离运转中的机具；现场应划定作业区，设安全标志，非作业人员不得入内。

（2）采用风钻时，空压机操作工应服从风钻操作工的指令；使用液压振动锤时，严禁将锤对向人、设备和设施。

（3）挖除中，应采取措施保持作业区内道路上各现况管线及其检查井的完好；挖除后应及时清碴出场至规定地点。

（4）翻挖路面应注意来往行人、商店橱窗，避免石块弹伤行人或橱窗玻璃。翻挖原有废弃路面应做好围护。

（5）使用撬棒时，撬棒另一头应套橡皮管，防止击伤头部、肩部。严禁用脚踩方法撬挖，防止跌伤。撬棒不用时应放平摆稳，防止倾倒伤人。

（6）榔头木柄安装必须牢固，凿子应经常检查，凿子顶面出现毛边应及时更换。

（7）敲榔头与夹钳者不得面对面作业，应成垂

125

直角度，严禁一手单敲或左右乱挥，严禁使用三把榔头一把凿子的作业方法。

（8）敲打钢钎时，敲榔头与夹钳者不得面对面作业，应成垂直角度。钢钎一次入土深度不得超过0.3m，防止碰坏地下管线。

（9）搬运旧沥青块时应注意裂缝，大块沥青应敲小后再搬，防止断裂落下砸伤脚。

（10）空压机、榔头机应有专人管理，经常检查，不得带病使用。空压机枪头螺丝应拧紧，防止皮管脱落伤人。榔头机应摆放平稳，不得将其他工具搁放在榔头机上，以防震动落下，弹起伤人。

5.3 施工排水与降水

5.3.1 一般规定

（1）路基土层中需排水时，施工前应根据工程地质、水文地质、附近建（构）筑物、地下现状管线等情况进行综合分析，确定排水方案。排水方案必须满足路基施工安全和路基附近建（构）筑物与现状地下管线的安全要求。

（2）安装水泵时，电气接线、检查、拆除必须由电工进行；作业中必须保护缆线完好无损，发现缆线损坏、漏电征兆时，必须立即停机，并由电工处理；潜水泵运行时，其周围 30m 水域内人、畜不得进入。

（3）施工中，应经常检查、维护施工区域内的排水系统，确认畅通；施工范围内有地表水应及时排除，施工区水域周围应设护栏和安全标志；泵体、管路应安装牢固，进入水深超过 1.2m 水域内作业时，必须选派熟悉水性的人员，并应采取防止发生溺水事故的措施。

5.3.2 特殊地段处理

施工中遇河流、沟渠、农田、池塘等，需筑围堰时应编制专项施工设计，并应符合下列要求：

（1）围堰顶面应比施工期间可能出现的最高水位高 70cm；围堰断面应据水力状况确定，其强度、稳定性应满足最高水位、最大流速时的水力要求；围堰外形应根据水深、水速和河床断面变化所引起水流对围堰、河床冲刷等因素确定；围堰必须坚固、防水严密；堰内面积应满足作业安全和设置排水设施的要求；筑堰应自上游开始至下游合拢。

（2）在水深大于 1.2m 水域筑围堰时，必须选派熟悉水性的人员，并采取防止发生溺水的措施。

（3）采用土袋围堰应符合下列要求：

1）水深 1.5m 以内、流速 1.0m/s 以内、河床土质渗透系数较小时可采用土袋围堰。

2）堰顶宽宜为 1~2m，围堰中心部分可填筑黏土和黏土芯墙；堰外边坡宜为 1:1~1:0.5；堰内边坡宜为 1:0.5~1:0.2；坡脚与基坑边缘距离应据河床土质和基坑深度而定，且不得小于 1m。

3）草袋或编织袋内应装填松散的黏土或砂夹黏土。

4）堆码土袋时，上下层和内外层应相互错缝、堆码密实且平整。

5）水流速度较大处，堰外边坡草袋或编织袋内宜装填粗砂砾或砾石。

6）黏土心墙的填土应分层夯实。

（4）采用土围堰应符合下列要求：

1）水深 1.5m 以内、流速 50cm/s 以内、河床土质渗透系数较小时，可筑土围堰。

2）堰顶宽度宜为 1~2m，堰内坡脚与基坑边缘距离应据河床土质和基坑深度而定，且不得小于 1m。

3）筑堰土质宜采用松散的黏性土或砂夹黏土，填土出水面后应进行夯实；填土应自上游开始至下游合拢。

4）由于筑堰引起流速增大，堰外坡面可能受冲刷危险时，应在围堰外坡用土袋、片石等防护。

（5）采用明沟排水应符合下列要求：

1）排水井应设置在低洼处；水泵抽水时，排水井水深应符合水泵运行要求。

2）设在排水沟侧面的排水井与排水沟的最小距离，应根据排水井深度与土质确定，其净距不得小于 lm，保持排水井和排水沟的边坡稳定。

3）排水沟土质透水性较强，且排水有可能回渗时，应对排水沟采取防渗漏措施。

4）排除水应引至距离路基较远的地方，不得漫流。

5.4 挖土施工安全控制

（1）挖土前，应按施工组织设计规定对建（构）筑物、现状管线、排水设施实施迁移或加固；施工中，应对加固部位经常检查、维护，保持设施的安全运行；在施工范围内可不迁移的地下管线等设施，应坑探、标识，并采取保护措施。

（2）路堑挖掘应自上而下分层进行，严禁掏洞挖土;挖土作业中断和作业后,其开挖面应设稳定的坡度;路堑边坡开挖应遵守设计文件的规定;当实际地质情况与原设计不符时,应及时向监理工程师、设计单位和建设单位提出变更设计要求,并办理手续;保持边坡稳定,施工安全。

(3) 施工中遇路堑边坡为易塌方土壤不能保持稳定时,应及时向监理工程师、设计单位和建设单位提出变更设计要求,并办理手续。

(4) 路堑边坡设挡土墙结构时,应待挡土墙结构强度达设计规定后,方可开挖路堑土方。

(5) 在路堑底部边坡附近设临时道路时,临时道路边线与边坡线的距离应依路堑边坡坡度、地质条件、路堑高度而定,且不宜小于2m。

(6) 挖土中,遇文物、爆炸物、不明物和原设计图纸与管理单位未标注的地下管线、构筑物时,必须立即停止施工,保护现场,向上级报告,并和有关管理单位联系,研究处理措施,经妥善处理,确认安全并形成文件,方可恢复施工。

(7) 在天然湿度土质的地区开挖土方,砂土和砂砾石开挖深度不超过1.0m、亚砂土和亚黏土开挖深度不超过1.2m、黏土开挖深度不超过1.5m时,当地下水位低于开挖基面50cm以下,可挖直槽（坡度为 1:0.05）。

（8）由于附近建（构）筑物等条件所限，路堑坡度不能按设计规定挖掘时，应根据建（构）筑物、工程地质、水文地质、开挖深度等情况，向设计单位、监理工程师和建设单位提出对建（构）筑物采取加固措施的建议，并办理有关手续，保障建（构）筑物和施工安全。

（9）机械挖掘时，必须避开建（构）筑物和管线，严禁碰撞；在距现状直埋缆线 2m 范围内，必须人工开挖，严禁机械开挖，并应邀请管理单位派人现场监护；在距各类管道 1m 范围内，应人工开挖，不得机械开挖，并宜邀请管理单位派人现场监护。

（10）使用推土机时，要严格按照施工机械相关安全技术交底的要求施工，在陡坡或深路堑、沟槽区推土时，应有专人指挥，其垂直边坡高度不得大于 2m。

（11）运输挖掘机械应根据运输的机械质量、结构形式、运输环境等选择相应的平板拖车，制定运输方案，采取相应的安全技术措施。

（12）施工中严禁在松动危石、有坍塌危险的边坡下方作业、休息和存放机具材料。

（13）用挖掘机械挖土应符合下列要求：

1）挖土作业应设专人指挥；指挥人员应在确认周围环境安全、机械回转范围内无人和障碍物后，方可向机械操作工发出启动信号；挖掘过程中，指挥人员应随时检查挖掘面和观察机械周围环境状况，确认安全。

2）挖掘路堑边缘时，边坡不得留有伞沿和松动的大块石，发现有塌方征兆时，必须立即将挖掘机械撤至安全地带，并采取安全技术措施。

3）机械行驶和作业场地应平整、坚实、无障碍物；地面松软时应结合现状采取加固措施。

4）遇岩石需爆破时，现场所有人员、机械必须撤至安全地带，并采取安全保护措施，待爆破作业完成，解除警戒，确认安全后，方可继续开挖。

5）严禁挖掘机在电力架空线路下方挖土，需在其一侧作业时，机械与架空线路必须保持相应的安全距离。

6）机械开挖作业时，必须避开建（构）筑物、管线，在距管道边 1m 范围内应采用人工开挖；在距直埋缆线 2m 范围内必须采用人工开挖，且宜在管理单位监护下进行。

（14）人工挖土应符合下列要求：

1）路堑开挖深度大于2.5m时，应分层开挖，每层的高度不得大于2.0m，层间应留平台。平台宽度，对不设支护的槽与直槽间不得小于80cm；设置井点时不得小于1.5m；其他情况不得小于50cm。

2）作业现场附近有管线等构筑物时，应在开挖前掌握其位置，并在开挖中对其采取保护措施，使管线等构筑物处于安全状态。

3）严禁掏洞和在路堑底部边缘休息；作业人员之间的距离，横向不得小于2m，纵向不得小于3m。

（15）人、机配合土方作业，必须设专人指挥。机械作业时，配合作业人员严禁处在机械作业和走行范围内。配合人员在机械走行范围内作业时，机械必须停止作业。

（16）路基填、挖接近完成时，应恢复道路中线、路基边线，进行整形，并碾压成型。

（17）挖土时应自上向下分层开挖，严禁先挖坡脚，严禁掏洞开挖。作业中断或作业后，开挖面应做成稳定边坡。开挖过程中出现边坡不稳定情况时，应采取相应的处理或加固措施。在同一坡面作业时，不得上下同时开挖，也不得上挖下运。

（18）高陡边坡处施工必须遵守下列规定：

1）作业人员必须绑系安全带；

2）边坡开挖中如遇地下水涌出，应先排水，后开挖；

3）开挖工作应与装运作业面相互错开，严禁上、下双重作业；

4）弃土下方和有滚石危及范围内的道路，应设警告标志，作业时坡下严禁通行；

5）坡面上的操作人员对松动的土、石块必须及时清除，严禁在危石下方作业、休息和存放机具。

5.5 填土施工安全控制

（1）填方前，应将原地表积水排干，淤泥、腐殖土、树根、杂物等挖除，并整平原地面；清除淤泥前应探明淤泥性质和深度，并采取相应的安全技术措施。

（2）填土前，应根据工程规模、填土宽度和深度、地下管线等构筑物与现场环境状况制定填土方案，确定现状建（构）筑物、管线的改移和加固方法、填土方法和程序，并选择适宜的土方整平和碾压机械设备，制定相应的安全技术措施。

（3）填土路基为土边坡时，每侧填土宽度应大于设计宽度 50cm；碾压高填土方时，应自路基边缘向中央进行，且与填土外侧距离不得小于 50cm。

（4）路基填土应在影响施工的现状建（构）筑物和管线处理完毕、路基范围内新建地下管线沟槽回填完毕后进行；运输挖掘机械应根据运输的机械质量、结构形式、运送环境等选择相应的平板拖车，制定运输方案，采取相应的安全技术措施。

（5）施工中使用推土机、压路机、蛙式夯实机等施工机械时，应按照相关的施工机械安全技术交底的要求进行操作。

（6）路基外侧为挡土墙时，应先施工挡土墙；混凝土或砌体砂浆强度达到设计规定后，墙后方可填土。

（7）填方边坡坡度应符合设计规定；填方破坏原排水系统时，应在填方前修筑新的排水系统，保持通畅。

（8）填土地段的架空线路净高应满足施工要求。

（9）路基下有管线时，管顶以上 50cm 范围内不得用压路机碾压；采用重型压实机械压实或有较重车辆在回填土上行驶时，管道顶部以上应有一定厚度的压实回填土，其最小厚度应根据机械和车辆的质量与管道的设计承载力等情况，经计算确定。

（10）使用振动压路机碾压路基前，应对附近地上和地下建（构）筑物、管线可能造成的振动影响进行分析，确认安全。

（11）借土填筑路基时，取土场应符合下列要求：

1）取土场地宜选择在空旷、远离建（构）筑物、地势较高、不积水且不影响原有排水系统功能的地方；

2）场地上有架空线时，应对线杆和拉线采取预留土台等防护措施。土台半径应依线杆（拉线）结构、埋入深度和土质而定：线杆不得小于1m；拉线不得小于1.5m，并应根据土质情况设土台边坡。土台周围应设安全标志；

3）需在建（构）筑物附近取土时，应对建（构）物采取安全技术措施，确认安全后方可取土；挖土边坡应根据土质和挖土深度情况确定，边坡应稳定；取土场周围应设护栏。

（12）地下人行通道、涵洞和管道填土应符合下列要求：

1）地下人行通道和涵洞的砌体砂浆强度达到

5MPa、现浇混凝土强度达到设计规定、预制顶板安装后，方可填土；

2）管座混凝土、管道接口结构、井墙强度达到设计规定，方可填土；

3）通道、涵洞和管顶50cm范围内不得使用压路机碾压；通道、涵洞和管顶两侧填土应分层对称进行，其高差不得大于30cm。

（13）轻型桥台背后填土应符合下列要求：

1）填土前，盖板和支撑梁必须安装完毕并达设计规定强度；

2）两侧台背填土应按技术规定分层对称进行，其高差不得大于30cm；

3）台身砌体砂浆或混凝土强度应达到设计规定，方可填土。

5.6 土方运输安全控制

（1）施工前，应根据工程需要、运输车辆、交通量和现场状况，确定运输路线。

（2）拖式铲运机行驶道路宽度应比机身宽2m（含）以上，超车、会车时，两车净距不得小于2m；多台作业时，前后距离不得小于10m（铲土时5m），左右距离不得小于2m；自行式铲运机的行驶道路其单行道的宽度不得小于5.5m，超车、会车时，两车净距不得小于1m；多台作业时，前后距离不得小于2m（铲土时10m），左右距离不得小于2m。

（3）现场应尽量利用现况道路运输。道路沿线的桥涵、便桥、地下管线和构筑物应有足够的承载力，能满足运输要求；运输前应调查，必要时进行受力验算，确认安全；穿越桥涵和架空线路的净空应满足运输要求。

（4）土方宜使用封闭式车辆运输，装土后应清除车辆外露面的遗土、杂物；场内运输应根据交通量、路况和周围环境状况规定车速。

（5）施工现场的机动车道与外电架空线路交叉时，架空线路的最低点与路面的最小垂直距离必须符合表5-1的要求。

施工现场的机动车道与外电架空线路交叉时的
最小垂直距离　　　　表5-1

外电架空线路电压（kV）	1 以下	1～10	35
距离（m）	6	7	7

（6）土方运输车辆应按规定路线行驶，速度均匀，不得忽快忽慢且不得遗洒；机动车、轮式机械在场外道路、公路上行驶应遵守现行《中华人民共和国道路交通安全法》、《中华人民共和国道路交通安全法实施条例》的有关规定。在施工现场道路上行驶时，应遵守现场限速等交通标识的管理规定。

（7）自卸汽车、机动翻斗车等运输车辆，向路堑、沟槽边运卸土方时，应缓慢行驶，停车车轮与路堑、槽边距离应依据土质、边坡、堑（槽）深度确定，且不得小于1.5m，车轮应挡掩牢固；作业后，运输车辆应停置在坚实、平整、不积水的地方，不得停在坡道上。

（8）存土场不得积水；场地周围应设护栏，非施工人员不得入内；存土结束后应恢复原地貌。

（9）选择弃土场应征得场地管理单位的同意；弃土场应避开建筑物、围墙和电力架空线路等；弃土不得妨碍各类地下管线、构筑物等的正常使用和维护，不得损坏各类检查（室）、消火栓等设施；弃土场堆土应及时整平，并应采取防扬尘的措施。

（10）施工现场应根据工程特点和环境状况铺设施工现场运输道路，运输前应确认合格；施工中，应设专人维护管理，保持道路平坦、通畅，不翻浆，不扬尘；现场道路铺设应符合下列要求：

1）道路应平整、坚实，能满足运输安全要求。

2）道路宽度应根据现场交通量和运输车辆或行驶机械的宽度确定：汽车运输时，宽度不小于3.5m；机动翻斗车运输时，宽度不宜小于2.5m；手推车运输不宜小于1.5m。

3）道路纵坡应根据运输车辆情况而定，手推车不宜陡于5%，机动车辆不宜陡于10%。

4）道路的圆曲线半径：机动翻斗车运输时不宜小于8m；汽车运输时不宜小于15m；板拖车运输时不宜小于20m。

5）机动车道路的路面宜进行硬化处理。

6）现场应根据交通量、路况和环境状况确定车辆行驶速度，并于道路明显处设限速标志。

7）沿沟槽铺设道路，路边与槽边的距离应依施工荷载、土质、槽深、槽壁支护情况经验算确定，且不得小于1.5m，并设防护栏杆和安全标志，夜间和阴暗时间必须加设警示灯。

8）道路临近河岸、峭壁的一侧必须设置安全标志，夜间和阴暗时间必须加设警示灯。

9）运输道路与社会道路、公路交叉时宜正交。在距社会道路、公路边20m处应设交通标志，并满足相应的视距要求。

10）穿越各种架空管线处，其净空应满足运输安全要求，并在管线外设限高标志。

11）穿越建（构）筑物处，其净空应满足运输安全要求，并在建（构）筑物外设限高、宽标志。

5.7 构筑物处理

（1）路基范围内有既有地下管线等构筑物时，施工应符合下列规定：

1）施工前，应根据管线等构筑物顶部与路床的高差，结合构筑物结构状况，分析、评估其受施工影响程度，采取相应的保护措施。

2）构筑物拆改或加固保护处理措施完成后，应进行隐蔽验收，确认符合要求、形成文件后，方可进行下一工序施工。

3）施工中，应保持构筑物的临时加固设施处于有效工作状态。

4）对构筑物的永久性加固，应在达到规定强度后，方可承受施工荷载。

（2）新建管线等构筑物间或新建管线与既有管线、构筑物间有矛盾时，应报请建设单位，由管线管理单位、设计单位确定处理措施，并形成文件，据以施工。

（3）沟槽回填土施工应保证涵洞（管）、地下建（构）筑物结构安全和外部防水层及保护层不受破坏。

（4）预制涵洞的现浇混凝土基础强度及预制件装配接缝的水泥砂浆强度达 5MPa 后，方可进行回填。砌体涵洞应在砌体砂浆强度达到 5MPa，且预制盖板安装后进行回填；现浇钢筋混凝土涵洞，其胸腔回填土宜在混凝土强度达到设计强度 70% 后进行，顶板以上填土应在达到设计强度后进行。

（5）涵洞位于路基范围内时，管顶以上 50cm 范围内不得用压路机压实。回填过程不得劈槽取土，严禁掏洞取土。

5.8 特殊土路基

5.8.1 一般规定

（1）特殊路基施工应考虑下列主要危险源、危害因素：

1）施工影响范围内的既有建（构）筑物、设备、管线等；

2）毗邻和施工范围内的既有交通设施；

3）影响施工的水；

4）岩溶及坑洞；

5）风沙地区、高原及冻土地区施工；

6）滑坡、崩塌、岩堆地段、泥沼地段、泥石流地区施工；

7）弃土；

8）特殊场所作业、季节性施工。

（2）滑坡、崩塌、岩堆地段，风沙、高原地区路基施工应编制专项施工方案。

（3）特殊路基施工应重视环境保护、水土保持工作，减少对天然植被和山体的破坏，防止诱发次生灾害。

（4）特殊土路基的加固处理施工前应进行详细的现场调查，编制专项施工方案。做好路基施工范围内的地面、地下排水设施，并保证排水通畅。

（5）选择适宜的季节进行路基加固处理施工，并宜符合下列要求：

1）湖、塘、沼泽等地的软土路基宜在枯水期施工；

2）膨胀路基宜在少雨季节施工；

3）强盐渍土路基应在春季施工；黏性盐渍土

路基宜在夏季施工；砂性盐渍土路基宜在春末夏初施工。

5.8.2 软土地基路基

软土地区的路基应提前安排施工，施工中严格控制填筑速率并按设计要求设置观测点。

软土路基施工应列入地基固结期。应按设计要求进行预压，预压期内除补填因加固沉降引起的补方外，严禁其他作业。

置换土施工填筑前，应排除地表水，清除腐殖土、淤泥。填土应由路中向两侧按要求分层填筑并压实，层厚宜为15cm。分段填筑时，接茬应按分层作成台阶形状，台阶宽不宜小于2m。

当软土层厚度小于3.0m，且位于水下或为含水量极高的淤泥时，可使用抛石挤淤。

采用砂垫层置换时，砂垫层应宽出路基边脚0.5～1.0m，两侧以片石护砌。

采用反压护道时，护道宜与路基同时填筑。当分别填筑时，必须在路基达到临界高度前将反压护道筑完。压实度应符合设计规定，且不应低于最大干密度的90%。

采用土工材料处理软土路基，土工材料应由耐高温、耐腐蚀、抗老化、不易断裂的聚合物材料制成。其抗拉强度、顶破强度、负荷延伸率等均应符合设计及有关产品质量标准的要求。土工材料铺设完后，应立即铺筑上层填料，其间隔时间不得超过48h。

采用袋装砂井排水，砂袋存放使用中不得长期曝晒。

采用塑料排水板，塑料排水板应具有耐腐性、柔韧性，强度与排水性能应符合设计要求。塑料排水板贮存与使用中不得长期曝晒，并应采取保护滤膜措施。

采用砂桩处理软土地基，砂宜采用含泥量小于3%的粗砂或中砂。

采用碎石桩处理软土地基，应分层加入碎石（砾石）料，观察振实挤密效果，防止断桩、缩颈。

采用粉喷桩加固土桩处理软土地基，工艺性成桩试验桩数不宜少于5根，获取钻进、拉斗、搅拌、喷气压力与单位时间喷入量等参数。

5.8.3 膨胀土（岩）地段路基

（1）应集中力量，连续快速施工，分段完成，雨天禁止施工。

（2）必须及时做好天沟、侧沟和排水沟的砌筑，并应随挖随砌，严防渗漏。

（3）路堤施工除应符合相关规范的安全规定外，低路堤、低洼地段基底，应防止和排除地表积水；路堤坡脚应采取排水措施，防止受水浸泡。

（4）路堑施工除应符合相关规范的安全规定外，路堑开挖必须自上而下进行，开挖面应随时保持不小于4%的排水坡，严禁积水。

（5）设有支护结构的边坡应紧跟开挖砌筑。

（6）边坡防护应紧跟开挖工序进行，减少暴露时间。坡面有地下水出露时应作引排处理。

（7）当岩质较硬需要爆破时，应控制药量，采取措施减少振动。

（8）路堑高侧山坡不应设置弃土堆。弃土堆距边坡顶的距离不应小于10m。

5.8.4 黄土路基

（1）应避开雨天集中力量快速施工，施工前应先做好地面排水设施。边坡坡脚不得受水浸泡、冲刷。

（2）黄土陷穴、坑洞处理时，应检查坑洞内情况，并对存在的有害气体通风排除。对流向陷穴附近的地面水应采取拦、截、引、排等措施。

（3）黄土路堤施工应采用重型压路机及时碾压并符合相关规范的安全规定。

（4）路堑施工必须自上而下进行，应按边坡平台的高度分级开挖、分级排水、防护，并保持坡面平顺，不得放缓设计坡度。

（5）弃土堆应远离边坡边缘，避免影响边坡稳定，路堑边坡上方不得弃土。

5.8.5 冻土地区路基

（1）及时做好排水设施。施工便道距路堤坡脚或堑顶不应少于20m。

（2）各种车辆和机械不得沿路堤坡脚与排水沟之间行驶。

（3）富冰、饱冰冻土或含土冰层地段路堤施工，必须保持路基与周围冻土处于冻结状态。

（4）冻土路堑开挖时，应防止阳面冻土因受热融化而坍塌。

5.8.6 盐渍土路基

（1）盐渍土路堤严禁雨季取土填筑。

（2）路基的坡面防护应配合开挖和填筑及时进

行，防止表层土松涨、溶失、风蚀。

5.8.7 风沙地区路基

（1）风沙地区路基施工应详细调查现场情况，了解相关信息，并应和气象等部门保持畅通的联系。

（2）风沙地区的临时生产、生活设施应进行必要的加固，并应制定生活用水、临时用电的安全措施。

（3）作业人员应按规定配备风镜、口罩等防护用品。人员外出时不应少于2人同行，大风天气禁止外出。

（4）风沙地区的临时道路应设固定道路标志，人行道坡度不应陡于1:3。

（5）在路基两侧同时作业时，迎风侧和背风侧的施工应相互错开。

（6）开挖沙层应自上而下进行，严禁直立开挖或掏空挖沙。

（7）严禁在挖方坡脚下休息和存放机具。

（8）取土坑、弃土堆应设在路基背风一侧。

（9）大风来临前，应保持机械设备的最小迎风面正对风向。高耸机械应采取拆卸或其他防风措施。对精密仪器等应采取覆盖、包裹等措施。

（10）风沙地区路基施工时应按规定进行安全检查，并认真填写检查记录表。对检查中发现的不符合规范的情况，应签发安全检查整改通知单，限期整改，并跟踪验证。

5.8.8 滑坡地段路基

（1）设计单位应提供详尽的地质资料，并提出有针对性的安全施工监测方案。

（2）施工单位应核查滑坡影响范围并设安全警示标志，根据现场情况设置围挡等防护设施。施工期间应由专人负责滑坡体的监测。

（3）严禁在滑坡影响范围设置临时生产、生活设施，停放机械，堆放机具等。

（4）施工前应先做好截、排水设施，并随开挖随铺砌。对施工用水严格管理，防止渗入滑坡体内。

（5）在滑坡体上开挖路堑和修筑抗滑支挡结构时，应符合下列规定：

1）应分段跳槽开挖，严禁大段拉槽开挖，并随挖、随砌、随填并夯实；

2）开挖与砌筑时应加强支撑和临时锚固，并随时监测其受力状态；

3）抗滑桩、锚索施工应从两端逐步向滑坡主轴方向进行；

4）采用抗滑桩挡土墙共同支挡时，应先作抗滑桩后作挡土墙。

（6）采取减重、加载措施时，开挖和填筑应按设计进行。施工应符合下列规定：

1）减重应自上而下开挖，开挖面应立即整平压实；

2）弃土应堆置在滑坡区以外或设计指定的阻滑区域；

3）加载的填土和减重的弃土，不得堵塞滑坡体下部的渗、排水口。

（7）应避免在冰雪融化期开挖滑坡体，雨后不得立即施工，禁止夜间施工。

（8）滑坡地段路基施工时应按规定进行安全检查，并认真填写检查记录表。对检查中发现的不符合规定的情况，应签发安全检查整改通知单，限期整改，并跟踪验证。

6 城镇道路基层、面层施工安全技术要求

6.1 一般规定

（1）卸料车应有专人负责指挥，卸料时，卸料车附近严禁站人。

（2）人工清除粘在压路机滚动轮上的混和料时，必须跟在压路机后作业，严禁在压路机前面倒退作业。

（3）在开放交通的道路上施工时，对施工区域周围必须进行封闭围护并设置安全标志。

6.2 基层施工安全控制

（1）装运散状石灰不宜在大风天气进行。

（2）装卸、撒铺及翻动粉状材料时，操作人员应站在上风侧，轻拌轻翻，减少扬尘。

（3）拌和场不得设在电力架空线路下方，拌和场周围应设护栏，实行封闭管理。

（4）在城区、居民区、学校、企事业单位等附近施工，不得在现场拌和石灰土、水泥土、石灰粉煤灰等混和料。

（5）需消解的生石灰堆放于远离居民区和易燃物的空旷地方，周围应设护栏。

（6）消解石灰，不得在浸水的同时边投料、边翻拌；人员应远离消解石灰的地方。

（7）拌和机的安装应牢固，防护装置应齐全有效。拌和机的使用应符合设备操作要求。

（8）基层施工时，各类地下管线检查井应随各结构层相应升高或降低，严禁掩埋。

（9）机械摊铺和碾压基层结构应符合下列要求：

1）作业中，应设专人指挥、协调各机械操作工、筑路工之间的相互配合工作，保持安全作业；

2）作业中，机械指挥人员应随时观察施工环境，使机械避开人员和障碍物；

3）沥青碎石基层施工时，应符合热拌沥青混合料面层施工安全要求。

6.3 水泥混凝土面层施工

水泥混凝土路面包括普通混凝土路面、钢筋混凝土路面。还有连续配筋混凝土路面，预应力混凝土路面，装配式混凝土路面和钢纤维混凝土路面。工程建设中采用最广泛的是就地浇筑的普通混凝土路面。

（1）混凝土浇捣后，在行人出入地段应放置标准的走道板并设置平稳，以便行人行走方便安全。

（2）过路电线应采用金属或塑料套管埋设或架空敷设。移动各种电气设备需戴绝缘手套，移动时应切断电源。

（3）使用电动的振动机械振捣混凝土时，必须在使用前对机械状况及电线绝缘层加强检查，以防漏电。

（4）水泥混凝土路面施工时水泥混凝土输送机械作业应按规定操作，各类浇捣、振平、振实机械应采用"一机、一闸、一箱、一漏电保护"，各类浇捣、振平、振实机械绝缘应符合安全要求。

（5）混凝土切缝作业应按切缝机械的操作说明规定操作。

（6）开放交通

水泥混凝土路面必须在养护期满，填缝和刻槽完成，28d 弯拉强度和抗压强度达到设计强度规定后才能开放交通。

6.4 沥青混凝土面层施工

（1）沥青作业人员必须体检合格。患有结膜炎、皮肤病及对沥青过敏反应者，不得从事沥青作业。

（2）从事沥青作业人员皮肤外露部分均需涂防护油膏；工地现场宜配有医务人员。

（3）沥青摊铺作业时操作人员必须穿戴长袖工作服、工作鞋、口罩、手套等个人防护用品。

（4）沥青作业人员的工作服及个人防护用品，应集中存放，严禁穿戴回家和进入集体宿舍。

（5）运料车向摊铺机卸料时，应同步进行、协调动作，防止互撞。

（6）沥青混合料路面施工时沥青混合料摊铺机倒车卸料应有专人指挥，沥青混合料摊铺斗铲作业时应设置安全警示标识。

（7）使用锹时，作业人员前后、左右应保持一定的安全距离，以免误伤他人。

（8）各类道路施工，机动车应挂设统一标识，各类安全附件齐全有效。驾驶台及作业现场要视野开阔，清除一切有碍工作的障碍物；作业时无关人员不得进入驾驶台，驾驶员不得擅离岗位。

（9）摊铺机换挡必须在摊铺机完全停止时进行，严禁强行挂挡或在坡道上换挡或空挡滑行。

（10）摊铺机行驶应平稳，不得急剧转向。弯道作业时，烫平装置的端头与路缘石的间距不得小于0.1m。

（11）开放交通

1）热拌沥青混合料路面应待摊铺层完全自然冷却，混合料表面温度低至50℃后，方可开放交通。需要提早开放交通时，可洒水冷却降低混合料温度。

2）铺筑好的沥青层应严格控制交通，做好保护，保持整洁，不得造成污染，严禁在沥青层上堆放施工产生的土或杂物，严禁在已铺沥青层上拌制水泥砂浆。

7 城镇道路附属构筑物施工安全技术要求

7.1 人行道铺装

（1）路面砖码放时应整齐，并应按批次、块形、颜色、厚度、抗压强度分别堆放。

（2）摊铺好的砂浆垫层应进行围护，不得扰动垫层。

（3）铺装路面砖时不得站在垫砂层上作业，可在刚铺筑的路面砖上垫上一块大于 $0.3m^2$ 木板上施工。

（4）人行道铺装时，应使用橡皮锤锤击，不宜使用铁锤锤击。

（5）检查井周围及弯道等不规则部位，应采用机械切砖铺砌。切砖时应按机械使用说明书操作。

（6）路面砖铺装完后，应用小型振动碾压机碾压 2~3 次，碾压时不宜使路面受到扰动。

7.2 雨污水井施工

（1）在雨污水井中进行开孔接驳、在雨污水井和管道检查、堵漏、修复、砌筑或拆除封头等作业必须按现行标准《城镇排水管道维护安全技术规程》CJJ-6 执行。

（2）井下作业前应有审批报告和防缺氧、防有毒有害气体的安全措施。

（3）井下作业前必须与工作面前后的雨、污水提升泵站协调，降低工作面区间内的雨、污水水位。

（4）敲封头时必须遵循"先下游、后上游"的原则，严禁同时拆除两只封头。拆封头前应做好排水工作。

（5）严禁使用过滤式防毒面具和隔离式供氧面具。必须使用供压缩空气的隔离式防护装具。

7.3 挡土墙施工

（1）挡土墙明挖基础施工应符合下列规定：

1）对开挖较深且边坡稳定性较差的基坑，应分段跳槽开挖，加强临时支护；

2）基坑弃土或坑边材料的堆放位置与高度不

得影响基坑的稳定。

（2）砌筑挡土墙，不得重叠作业。大型压实机械与墙背的距离不应小于1m，且应采用静压方式。

（3）支顶危石或嵌补坡面时，应制定相应的安全保护措施。

（4）坡面挂网、喷护作业时，应设置脚手架，不得攀扶锚杆头上下。

（5）护坡挡土墙施工的提升作业应符合下列规定：

1）使用吊斗提升时，装载物不得超过斗帮；

2）使用平板提升时，平板应设置防护栏杆及进出装置。

（6）人工凿岩时要防止石块崩伤操作人员。

（7）导流的围堰应有足够的强度，防止被水冲垮。

（8）挡土墙顶部设有栏杆时，栏杆施工应符合国家现行标准《城市桥梁工程施工与质量验收规范》CJJ—2的有关规定。

7.4　隔离栅

（1）隔离网、隔离栅板应由有资质的工厂加工，其材质、规格型式及防腐处理均应符合设计要求。

（2）固定格离栅的混凝土柱宜采用预制件。金属柱和连接件规格、尺寸、材质应符合设计规定，并应做防腐处理。

（3）隔离栅立柱应与基础连接牢固，位置应准确。

立柱基础混凝土达到设计强度75%后，方可安装隔离栅板（网）片。隔离网、隔离栅板应与立柱连接牢固，框架、网面平整，无明显凹凸现象。

7.5 护栏

（1）护栏应由有资质的工厂加工。护栏的材质、规格型式及防腐处理应符合设计要求。加工件表面不得有剥落、气泡、裂纹、疤痕、擦伤等缺陷。

（2）护栏立柱应埋置于坚实的土基内，埋设位置应准确，深度应符合设计规定。

（3）护栏的栏板、波形梁应与道路竖曲线相协调。

（4）护栏的波形梁的起、讫点和道口处应按设计要求进行端头处理。

7.6 声屏障

（1）砌体声屏障施工中的临时预留洞净宽度不得大于1m。

（2）当砌体声屏障处于潮湿或有化学侵蚀介质环境中时，砌体中的钢筋应采取防腐措施。

（3）金属声屏障施工，焊接必须符合设计要求和国家现行有关标准的规定。焊接不得有裂缝、夹渣、未熔合和未填满弧坑等缺陷。

（4）采用钢化玻璃屏障时，其力学性能指标应符合设计要求。屏障与金属框架应镶嵌牢固、严密。

7.7 防眩板

（1）防眩板应由有资质的工厂加工，镀锌（铝）量应符合设计要求。防眩板表面应色泽均匀，不得有气泡、裂纹、疤痕、端面分层等缺陷。

（2）防眩板与护栏配合设置时，混凝土护栏上预埋连接件的间距宜为50cm。

（3）路段与桥梁上防眩设施衔接应直顺。

（4）施工中不得损伤防眩板的金属镀层，出现损伤应在24h之内进行修补。

8 城镇道路主要施工机械安全操作规程

8.1 一般规定

（1）各类施工机械设备操作人员必须经过安全技术培训，考核合格后，持证上岗。应做到定人、定机、定岗。操作人员应熟悉机械性能、操作规程。

（2）操作人员必须定期体检，凡患有高血压、心脏病、癫痫病和有碍安全操作的，不得从事机械操作。

（3）各类施工机械设备操作人员操作使用机械过程中，应集中注意力，密切观察周边情况，严禁违章驾驶，严禁疲劳驾驶，驾驶台上严禁超额载人。

（4）各类施工机械设备进场、转场运输，需委托专业运输单位实施。对运输沿线的通行状况应提前核查。注意限速、限高、限行标志，超限运输需办理相关手续。

（5）施工作业前，应接受项目经理部的安全技术交底。作业前应核查作业场所地上、地下管线和构筑物的状况。临近管线作业，应由专人旁站监控。

（6）配合机械辅助作业的施工人员，必须在机械回转半径以外作业。如必须在回转半径内作业时，应停止机械回转并制动好后方可开始。

（7）施工机械每天使用前应进行检查，并作好记录；使用前应确认制动、转向、信号及安全装置应齐全有效。机件紧固、完好、无泄漏、润滑良好。

（8）机械运转使用时，不得进行任何紧固、保养、润滑、检查等作业。

（9）施工机械保养、加油时，必须使发动机停止运转。严禁用汽油清洗机械，排气管道及电路接头不得靠近油类、易燃物品。

（10）各类施工机械应停放在安全地带，不得停在路中妨碍交通，不得停放在土路边缘及斜坡上。坡道停机时，不得横向停放。纵向停放时，必须挡掩，并辅助制动，确认制动可靠后，操作人员方可离开。夜间停放路边应在机旁挂设警示灯。

（11）各类机械使用过程中，如发现有异响、异味等异常情况，应立即停车检查，排除故障后方可继续运行。在机械底部进行修理时，应将发动机熄火，用制动器制动住机械，并楔住滚轮。

8.2 运输车辆

8.2.1 一般规定

（1）应熟悉所驾驶车辆的性能、保养及操作方法，行车前要认真检查，必须保持技术状况良好、装备齐全有效。严格遵守交通规则和有关规定，证、照齐全，不准驾驶与证件不符的车辆，严禁酒后开车。

（2）检查油箱及其油管时，不得使用明火，也不得以明火预热化油器、油管及油箱。

（3）手摇起动时，必须五指并拢，以防反击伤人。

（4）发动机起动后应低速运转，待水温上升到 $50 \sim 60℃$，刹车气压上升到 4500kPa（$4.5 kgf/cm^2$）以上时方可起步。

（5）驾驶室内严禁超员，严禁将车交给无照人员和不熟悉该车性能的驾驶员驾驶。

（6）行驶途中如制动、转向器、喇叭、灯光发生故障或雨雪天雨刷器发生障碍时，应停车修复后，方准继续行驶。

（7）在施工运输车辆较多的繁忙路线，通过无人看守道口时，应及时设专人看守指挥。

（8）应安装倒车警报器，倒车时必须了解车后道路及环境情况，确认倒车的稳妥范围后，方可倒车。在场地狭窄，人员众多地段，要有专人指挥，严禁长距离倒车。

（9）车辆陷车时，若用身体动力不能驶出，不应强行，以免越陷越深。用其他车辆牵引时，应有专人指挥。两车间严禁站人。

（10）停车应停在指定的地点，不应在坡道上停车，如需在坡道上停车时，必须在车轮下加楔防止滑溜。

（11）施工运输车辆除遵守以上规定外，还必须执行城市和公路有关交通规则。

8.2.2 倾卸汽车

（1）发动机启动后应检查起翻装置，确保运转良好，严禁在司机室外进行操作。

（2）倾卸汽车所用的液压油，需按规定牌号加足。发动机在运转时严禁加添液压油。严禁用手检查高压系统中渗漏情况。

（3）车辆装卸土石的场地地面，必须及时平整。由高处向下填筑时，停卸地点必须平整坚实，车辆不得停在向下倾斜的地面上向下卸料。

（4）夜间作业地区，应有良好的照明。装卸应有专人指挥，空重车应分道行驶，按先后次序在指定地点装卸，不得抢装抢卸。

（5）用挖掘机等机械装料时，汽车就位后应拉紧手刹车，关好车门。若汽车驾驶顶部无防护板，驾驶室内不得有人。

（6）装片石等大粒料时，应将车厢后板水平悬置或拆下。

（7）严禁超载，也不得偏载。装载高度超过车厢栏板时，行驶中不应猛力加速，以防装载物沿途溅落。

（8）驾驶室内应安装起升警报器或指示灯。卸料时将车停稳，应注意卸料地点上空和工作范围内有无电线、障碍物以及行人，不得边走边卸。

（9）向坑洼或填方边坡外卸料时，必须与坑边缘保持适当的安全距离，防止边坡坍塌。在危险地段卸料时，应有专人指挥。

（10）卸料时，应用发动机转速控制举升速度。当车厢快升到最高位置时，发动机应中速运转，防止车厢在顶点振动。

（11）卸土后，应待车厢完全复位后方可行驶，严禁边走边落。严禁在行车中操纵车厢举升机构。

（12）车厢内严禁搭乘人员。

（13）修理、保养、润滑倾卸装置时，应将车停在平地上，发动机应停止转动，当车厢举升后，必须用安全支柱撑住车厢，防止突然下落伤人。

8.2.3 机动翻斗车

（1）机动翻斗车限于短途倒运施工现场砂石、混凝土和土方等散装物料，不应作长途运输车辆使用。凡持安全技术操作证而无驾驶证者，严禁上公路行驶。

（2）在施工便道内行驶速度不应大于 10km/h，出入库房和单位大门行驶速度，不应大于 5km/h。

（3）下坡转弯及下长大坡道时，应换入低速挡运行，利用发动机控制车速，严禁紧急制动和换挡。

（4）上坡或路面情况不好时，应换入低速挡行驶。

（5）夜间无灯光时，不应使用翻斗车。

（6）装载高度不应影响驾驶人员视线，装载宽度不应大于车斗宽度。

（7）在坑边缘倒料时，应有 10～15m 长的反坡，并应设置安全挡块。车辆离坑边 10m 时，即应减速行驶。

（8）严禁利用车辆高速制动的惯性清除翻斗内的余料。

（9）发动机运转或斗内载重时，严禁在车下进行任何工作。

8.3 挖掘机

挖掘机是以开挖土石方为主的工程机械，广泛用于各类建设工程的土石方施工中，如开挖基坑和沟槽、挖土和取土等。更换不同的作业装置后，也可实施破碎、夯土、压桩、起吊等多种作业。

单斗挖掘机是土石方工程中使用最普遍的挖掘机械，有专用型和通用型两类，专用型供矿山采掘使用，通用型主要用在各种建设工程施工中。其特点就是挖掘力量大、效率高、功能性强、机动性好。

单斗挖掘机可以将挖出的土石方就近卸掉或配

备相应数量的自卸式载重汽车进行远距离的运送，还可以根据工程施工需要配换起重、破碎、打孔、压桩和抓斗等多种作业装置，发挥挖掘机的多功能效应。

单斗挖掘机的种类按传动的类型可分为机械式和液压式两类；按行走装置不同可分为履带式、轮胎式和步履式三种。

单斗挖掘机主要由工作装置、回转机构、回转平台、行走装置、动力装置、液压系统、电气系统和辅助系统等组成。

挖掘机安全使用注意事项

（1）挖掘机司机，应遵守安全技术规程的规定，工作范围内，严禁任何人停留。

（2）挖掘机在工作前，应做好下列准备工作：

1）向施工人员了解施工条件和任务。内容包括：填挖土的高度和深度、边坡及电线高度、地下电缆、各种管道和各种障碍物的情况和位置。

2）按照日常例行保养项目，对挖掘机进行检查、保养、调整、紧固。

3）检查燃料、润滑油、冷却水是否充足，不足时应予添加。在添加燃油时严禁吸烟及接近明火，以免引起火灾。

4）检查线路绝缘和各开关触点是否良好。

5）检查液压系统各管路及操纵阀、工作油缸、油泵等，是否有泄漏，动作是否异常。

6）检查钢丝绳及固定钢丝绳的卡子是否牢固可靠。

7）将主离合器操纵杆放在"空挡"位置上，起动发动机。检查各仪表、传动机构、工作装置、制动机构是否正常，确认无误后，方可开始工作。

8）发动机起动后，严禁有人站在铲斗内、臂杆上、履带和机棚上。

（3）挖掘机工作时，应停放在坚实、平坦的地面上。轮胎式挖掘机应把支腿顶好。工作时机身应当处于水平位置，并将走行机构刹住。若地面泥泞、松软和有沉陷危险时，应用枕木或木板垫妥。

（4）在操作中，铲斗挖掘时每次吃土不宜过深，提斗不要过猛，以免损坏机械或造成倾覆事故。一次挖土高度不能高于4m。铲斗下落时，注意不要冲击履带及车架。

（5）挖掘机装载活动范围内，不得停留车辆和行人。若往汽车上卸料时，应等汽车停稳，驾驶员离开驾驶室后，方可回转铲斗，向车上卸料。挖掘机回转时，应尽量避免铲斗从驾驶室顶部越过。卸料时，铲斗应尽量放低，但又注意不得碰撞汽车的任何部位。

（6）挖掘机回转时，应用回转离合器配合回转机构制动器平稳转动，禁止急剧回转和紧急制动。

（7）铲斗未离开地面前，不得做回转、走行等动作。铲斗满载悬空时，不得起落臂杆和行走。

（8）拉铲作业中，当拉满铲后，不得继续铲土，防止超载。拉铲挖沟、渠、基坑等作业时，应根据深度、土质、坡度等情况与施工人员协商，确定机械离便坡的距离。

（9）反铲作业时，必须待臂杆停稳后再铲土，防止斗柄与臂杆沟槽两侧相互碰击。

（10）履带式挖掘机移动时，臂杆应放在走行的前进方向，铲斗距地面高度不超过1m。并将回转机构刹住。

（11）配合挖掘机作业，进行清底、平地、修坡的人员，须在挖掘机回转半径以外工作。若必须在挖掘机回转半径外工作时，挖掘机必须停回转，并将回转机构刹住后，方可进行工作。同时，机上机下人员要彼此照顾，密切配合，确保安全。

（12）挖掘机上坡时，驱动轮应在后面，臂杆应在前面；挖掘机下坡时，驱动轮应在前面，臂杆应在后面。上下坡度不得超过20°。下坡时应慢速行驶，途中不许变速及空挡滑行。挖掘机在通过轨道、软土、黏土路面时，应铺垫板。

（13）挖掘机不论是作业或走行时，都不得靠近架空输电线路。如必须在高低压架空线路附近工作或通过时，应保持机械与架空线路的安全距离。雷雨天气，严禁在架空高压线近旁或下面工作。

（14）在地下电缆附近作业时，必须查清电缆的走向，用白粉显示在地面上，并应保持在白粉线1m以外的距离进行挖掘。

（15）夜间工作时，作业地区和驾驶室，应有良好的照明。

（16）挖掘机需在斜坡上停车时，铲斗必须降落到地面，所有操纵杆置于中位，停机制动，且应在履带或轮胎后部垫置楔块。

（17）挖掘机工作后，应将机械驶离工作地区，放在安全、平坦的地方。将机身转正，铲斗落地，并将所有操纵杆放到"空挡"位置，将所有制动器刹死，关闭发动机（冬季应将冷却水放净）。按照保养规程的规定，做好例行保养。关闭门窗并上锁后，方可离开。

（18）挖掘机装卸车时，应由经验丰富的装吊工指挥。装卸过程中，挖掘机在坡道上严禁回转或转向。装车时若发生危险情况，可将铲斗放下，协助制动，然后挖掘机缓缓退下。

8.4 推土机

推土机是以履带式或轮胎式拖拉机为主机，再配置悬式铲刀的自行式铲土运输机械。主要用于短距离推运土方、石渣等作业。推土机作业时，依靠机械的牵引力，完成土壤的切割和推运。配置其他作业装置可以实施铲土、运土、填土、平地、压实以及松土、清除树根和石块等作业，是土方工程中广泛使用的施工机械之一。

按行车装置不同可分为履带式和轮式推土机。履带式推土机附着性能好，接地比压小，通过性好，爬坡能力强，但行驶速度慢，适用于条件较差地域作业。轮式推土机行驶速度快，灵活机动性好，不破坏路面，但牵引力小，通过性差。

按传动形式分为机械传动、液力机械传动和全液压传动 3 种，液力机械传动应用最广。

按发动机功率分为轻型、中型和大型推土机，轻型发动机功率小于 75kW，中型发动机功率在

75～225kW，大型发动机功率大于225kW。

按用途分为通用型和专用型两种。

按工作装置形式分为直铲式和角铲式。

推土机的选择主要以下4个方面考虑：

（1）土方工程量

当土方量大而且集中时，应选用大型推土机；土方量小而且分散时，应选用中、小型推土机；土质条件允许时、应选用轮胎式推土机。

（2）土的性质

土质较密实、坚硬或冬季冻土，应选择大型推土机或带松土器的推土机。土质含水量高、软土地带，最好选用宽履带的湿地推土机。

（3）施工条件

修筑半挖半填的傍山道路，可以选用角铲式推土机；在水下作业时可选用水下推土机；在城市市区内施工，可选用符合环保要求的低噪声推土机。

（4）作业条件

考虑施工作业的多样化，为降低施工成本和提高机械使用率，最好选用多功能推土机。

推土机安全使用注意事项

（1）起步前观察四周是否有人靠立，履带上是否有物品，确认安全后应低速、平稳起步。发动机起动后，严禁有人站在履带上或推土刀支架上。

（2）推土机推土前，应了解现场地下电缆、管道等设施的情况，前方有障碍物或坑穴时，应妥善处理。应选择适宜的铲推路线，清理作业现场，应能保证车辆无下陷、倾覆等危险。

（3）推土机工作应平稳，吃土不可太深，推土刀起落不要太猛。推土刀距地面距离一般以 0.4m 为宜，不要提得太高。

（4）推土机通过桥梁、堤坝、涵洞时，应事先了解其承载能力，并以低速平稳通过。

（5）推土机在坡道上行驶时，其上坡坡度不得超过 25°，下坡坡度不得大于 35°，横向坡度不得大于 10°。在陡坡上（25°以上）严禁横向行驶，纵向在陡坡上行驶，不得做急转弯动作。上下坡应用低速挡行驶，并不许换挡。下坡时严禁脱挡滑行。

（6）在上坡途中，若发动机突然熄火时，应立即将推土刀放到地面，踏下并锁住制动踏板，待推土机停稳后，再将主离合器脱开，把变速杆放到空挡位置，用三角木块将履带或轮胎楔死，然后重新起动发动机。

（7）推土机在25°以上坡度上进行推土时，应先进行填挖，待推土机能保持本身平衡后，方可开始工作。

（8）填沟或驶近边坡时，禁止推土刀越出边坡的边缘，并换好倒车挡后，方可提升推土刀，进行倒车。

（9）在深沟、陡坡地区作业时，应有专人指挥。

（10）在电线杆附近推土时，应保持一定的土堆。土堆大小可根据电杆结构、掩埋深度和土质情况，由施工人员确定。土堆半径一般不应小于3m。

（11）数台推土机共同在一个工地作业时，其前后距离不得小于8m，左右距离不得小于1.5m。

（12）推土机在有负荷情况下，禁止急转弯。履带式推土机在高速行驶时，亦应禁止急转弯，以免履带脱落或损坏走行机构。

（13）推土机工作后，应将外部灰尘、泥土、污物冲洗擦拭干净，按例行保养对机械进行检查、保养、调整、润滑、紧固。将机械开到平坦安全地方，推土刀落地，关闭发动机（冬季并应放净冷却水），锁闭门窗后，方可离开。

（14）推土机越过浅滩时，应预先检查水深和河床情况，并检查后桥底部螺丝是否紧固，以防泥水进入。

（15）推土机不得用于搅拌白灰、推白灰、粉煤灰及压石方等工作。

8.5 装载机

装载机是一种作业效率较高的铲装机械，可用来装载松散物料，如砂、石、土方等；同时还能用于清理，平整场地、短距离装运物料、牵引和配合运输车辆装卸等作业。如更换相应的作业装置后，还能够实施推土、挖土、松土、起重等多种工作，且有较好的机动性，被广泛使用于建筑、市政、矿山、港口、水利及国防等各种建设中。

装载机在品种和数量方面都发展很快，类型很多。装载机按发动机功率分为小、中、大和特大型四种。功率小于 74kW 为小型；功率位于 74～147kW 为中型；功率位于 147～515kW 为大型；功率大于 515kW 为特大型。

轮式装载机由工作装置、行走装置、发动机、传动系统，转向制动系统、液压系统、操纵系统和辅助系统组成。其优点是重量轻、运行速度快、机动灵活、作业效率高、行走时不破坏路面。若在作业点分散、转移频繁的情况下，尤显生产效率高。缺点是轮胎接地比压大，重心高、通过性和稳定性较差。

装载机安全使用注意事项

（1）装载机使用前，应确认刹车、喇叭、方向机应齐全、灵敏，在行驶中要遵守"交通规则"。若需经常在公路上行驶，司机须持有"机动车驾驶证"。

（2）装载机在配合自卸汽车工作时，装载时自卸汽车不要在铲斗下通过。

（3）装载机在满斗行驶时，铲斗不应提升过高，一般距地面0.5m左右为宜。

（4）装载机行驶时应避免不适当的高速和急转弯。

（5）当装载机遇到阻力增大，轮胎（或履带）打滑和发动机转速降低等现象时，应停止铲装，切不可强行操作。

（6）在下坡时，严禁装载机脱挡滑行。

（7）装载机在作业时斗臂下禁止有人站立或通过。

（8）装载机动臂升起后在进行润滑和调整时，

必须装好安全销或采取其他措施，防止动臂下落伤人。

（9）装载机在工作中，应注意随时清除夹在轮胎（或履带）间的石渣。

8.6 平地机

（1）凹凸相差较大地面时，应先用推土机推平，然后用平地机平整。

（2）作业区的水准点及导线控制桩的位置、数据必须清楚，放线验线工作应在之前基本完成。

（3）起步前，应先将刮刀或齿耙下降到接近地面。起步后方可让刮刀和齿耙切土。

（4）平地机刮刀的回转与铲土角的调整以及向机外倾斜都必须在停机时进行，但刮刀左右端底升降动作，可在机械行驶中随时调整。

（5）作业中，随地铲土阻力大小，应随时少量调整刮刀的升降，不得一次调整过多，造成工作面的波浪型。

（6）各类铲刮作业都应在低速行驶时进行，角铲土和使用齿耙时必须一挡。刮土和平整作业可用二挡、三挡，换挡应在停机时进行。

（7）遇到坚硬土质，需用齿耙翻松时，应缓慢下齿，不得使用齿耙翻松石渣路及高级路面。

（8）平地机转弯或调头时，应用最低速度。下坡时严禁空挡滑行，行驶时必须将刮刀和齿耙提升到最高位置，并将刮刀斜放，刮刀两端不得超出后轮外侧。

（9）在高速挡位行驶中严禁前后轮同时转向。

8.7　压路机

压路机主要用来对市政建设、公路、铁路、机场跑道、广场、堤坝和停车场等建筑物地基工程的压实作业，以提高地基的承载力，降低地表水和地下水的渗透性，保证地基和基础的稳定性，防止沉陷，是地基基础工程和道路交通工程施工中不可缺少的机械。

压路机按其压实原理可分为静作用压路机和振动压路机两类。

（1）静作用压路机

静作用压路机是一种以其自身的重量对被压实的材料施加压力，消除材料颗粒间的空隙，排除空气和水分，以提高地基的密实度、强度、承载能力和防渗透性等的压实机械，可用来压实路基、路面、广场、停车场和其他各类工程的地基等。

（2）光轮压路机

自行式光轮压路机根据滚轮和轮轴数目，国产压路机主要有两轮两轴式和三轮两轴式，又可分为双钢轮压路机和单钢轮压路机，这两类压路机除轮数和轮型不同外，其余结构基本相同。

（3）振动压路机

振动压路机是利用自身重力和振动作用对压实材料施加静压力和振动压力，振动压力给予压实材料以连续高频振动冲击波，使压实材料的颗粒产生加速运动，颗粒间内摩擦力大大降低，小颗粒填补空隙，同时挤出空气和水分，进一步增加压实材料的密实度，提高其承载能力及防渗透性。振动压路机与静作用压路机相比，具有压实作用影响深度更大，密实度更高，压实效率更佳，以及有效减少压实作业的遍数，生产效率高等特点。

振动压路机按行驶方式可分为自行式、拖式和手扶式；按驱动轮数量可分为单轮驱动、双轮驱动和全轮驱动；按传动方式可分为机械传动，液力机械传动和全液压传动；按振动轮外部结构可分为光轮、凸块和橡胶滚轮；按振动轮内部结构可分为振动、振荡和垂直振动。

（4）轮胎压路机

轮胎压路机通过特制的充气轮胎压实铺层材料。具有接触面积大、压实效果好等特点，因而广泛应用于路面、路基和沥青混凝土路面，特别对沥青混凝土面层的压实，具有较好的效果。

压路机安全使用注意事项

（1）作业前应检查滚轮的刮泥板是否平整良好，连接处螺栓有无松动，机械周围有无障碍物和其他人员，确认正常后方可启动。

（2）变换压路机前后方向，应待滚轮停止后进行。严禁利用换向离合器作制动作用。

（3）在新开道路上碾压时，应从中间向两侧碾压，距离路基边缘不少于0.5m，上坡时变速应在制动后进行，下坡时不得脱挡滑行。

（4）两台以上压路机同时行驶或碾压时，前后间距不得小于3m，在坡道上不得纵向前后行驶。

（5）需要增加重量时，可用黄砂或水；气温降至0℃，不得用水增重。轮胎压路机作业前检查轮胎气压应符合要求，避免在大块石路面基础层上作业。

（6）严寒季节停机时，应将滚轮用木板垫离地面。

（7）振动式压路机操作时：

1）起动振动必须在压路机行走后进行，停下振动必须在压路机停车前进行；

2）碾压松软路基时，应先在不振动的情况下碾 1～2 遍，然后再用振动碾压；

3）在坚硬的路面上行走时，严禁振动；

4）严禁在尚未起振的情况下调节振动频率；

5）不得在急转弯时用快速挡；

6）换向离合器，起振离合器和制动器的调整，必须在离合器脱开后进行。

（8）压路机驾驶员必须经过专门培训上岗，熟悉机械性能和操作规程，懂得例行保养项目，能熟练使用各操作机构，经考核合格后，方准予驾驶操作。

8.8　稳定土摊铺机

（1）摊铺机驾驶员必须经过专门培训上岗，熟悉机械性能和操作规程，懂得例行保养项目，能熟练使用各操作机构，经考核合格后，方准予驾驶操作。

（2）摊铺机驾驶员必须对机器进行认真保养，对机械部件进行认真检查，确保机件的紧固、完好。保养摊铺机时，必须使发动机停止运转，禁止用汽油清洗机械，并注意排气管道及电路接头勿靠近油类、易燃物品。

（3）摊铺机工作前应先检查转向和制动系统，一旦失灵，应停止工作，排除故障。

（4）摊铺机驾驶者应严格按照指定的操作规程进行操作。摊铺机在作业时，严禁操作者离开操作台；并禁止非操作人员进入操作台，无关人员不得在摊铺机上停留。

（5）摊铺机在行驶中，禁止人员上下或攀登。

（6）应保证驾驶员在行驶和工作范围内的视线无障碍。

（7）给摊铺机油箱加油前应熄灭柴油机。

（8）驾驶员应保持操纵台和脚踏板附近无障碍物、无油脂，无灰尘等其他类似物。

（9）驾驶员在远离摊铺机之前，柴油机应熄火，以防止摊铺机会无故启动或移动。

（10）机器在坡道上行驶时，原则上不得换挡，以免损坏机器。

（11）机器运转过程中，应保证输料带和分料蜗杆上不直接站人，防止发生人身伤害事故。

（12）维修工作前液压管路应处于无压状态，

电焊作业时，应先拉下电瓶开关。

摊铺机如需较长距离的移动，必须由平板车托运，并绑扎固定。

8.9　沥青混合料摊铺机

（1）摊铺机驾驶员必须经过专门培训上岗，熟悉机械性能和操作规程，懂得例行保养项目，能熟练使用各操作机构，经考核合格后，方准予驾驶操作。

（2）摊铺作业前应检查各部位螺栓是否紧固，连接是否可靠，空运转是否正常，转向操作机构和制动器是否灵敏、可靠。

（3）作业现场视野要开阔，清除一切有碍工作的障碍物，作业时无关人员不得在作业区域内逗留，驾驶员不得擅离岗位。

（4）摊铺机的离地间隙比较小，所以起步前一定要看清周围有无障碍物。摊铺作业过程中，摊铺机不得倒退，如需倒退必须提起熨平板停止作业后方可进行。

（5）运料自卸汽车在倒车驶向摊铺机时，要缓慢对准料斗，并有专人指挥，自卸汽车和摊铺机要密切配合，避免发生冲撞、撒料等现象。

（6）摊铺时，熨平板上不准随意站人，非操作人员不得攀登摊铺机。换挡必须在摊铺机完全停止时进行，严禁强行换挡和在坡道上换挡或空挡滑行。

（7）熨平板进行预热时，应控制热量，防止因局部过热而变形。加热过程中，必须有专人看管。

（8）驾驶力求平稳，不得急剧转向，在弯道作业时，熨平板装置的端头与路缘石的间距不得小于100 mm，以免发生碰撞。

（9）摊铺机停机后，应切断电源，随带钥匙。冬季放掉发动机和水箱内的冷却水，以防冻裂。

（10）摊铺机停用后应认真做好保养工作，在清洗料斗、刮板、螺旋运输器和熨平板等部件时，必须将发动机熄火后进行，一次清理不完，可再次发动机械，转过一个距离或一个角度后再停机熄火清理，这样反复进行，直到清洗完毕，清洗摊铺机时必须使用柴油清洗，并不得接近明火。

（11）摊铺机应停放在安全地带，不要停在路中妨碍交通和坡道上。夜间停放路边应在机旁挂设红灯，醒目警示。

（12）摊铺机如需较长距离的移动，必须由平板车托运，并绑扎固定。

8.10 水泥混凝土摊铺机

（1）开工前，应检查整机各部件是否良好，确认活动部分无人或无物件后才能开机。操作台和作业现场必须视野广阔，应消除有障碍作业的一切设施。通道严禁堆放杂物，严禁高空掷物。

（2）在作业时间内，操作人员（包括有关人员）必须按规程操作。摊铺机在作业时，严禁操作者离开操作台；非操作人员禁止进入操作台，无关人员不得在摊铺机上停留。

（3）任何人员进入摊铺机范围内，必须穿工作鞋，严禁穿拖鞋、高跟鞋、打赤脚。

（4）进行各项安装调整时，发动机必须关闭，制动装置必须处于制动状态。安装或调整机架时，摊铺机必须停放在平坦、结实的地面，使用的支垫工具（材料）安全可靠地垫位，将履带垫离地面，方可进行调整安装。在调整高度时，工作踏板、扶梯等处严禁站人。

（5）下坡时，禁止快速行驶和空挡滑行，牵引制动装置必须置于制动状态。

（6）禁止用摊铺机牵引其他机械。

（7）所有用电故障应由电工排除，电工作业时，必须挂《禁止合闸》牌，电脑、电气自动化系统故障，应由机械工程师排除。

（8）驾驶员在离开机器前，要将机器停放稳妥，并装驾驶台降至最低位置，使制动装置处于制动状态。

（9）停机清洗摊铺机堆积物时，作业人员必须注意安全，清理完毕，作业人员应及时离开，并指定专人负责检查。

（10）工作完毕，先解除自动控制系统，把机器升高离开作业地点，停放在平坦、结实的地面上，并将升锁锁住，停机下班，必须切断电源。

（11）摊铺机停放在道路（附近时）必须在周围设置明显安全标地或红灯警示。（能见度不少于150m）。

8.11 混凝土切缝机

（1）刀片与刀架联结必须牢固可靠，安全防护罩应齐全。

（2）蓄能器内必须进行切缝时，操作人员应站在刀片侧面操作。

（3）无冷却水时不得进行切缝作业。

（4）发动机和刀片在停止转动前，严禁检查和搬动切缝机。

（5）作业后或操作人员离开切缝机时应将发动机关闭。

8.12 路面铣刨机

（1）在机器未工作前应做的检查工作

1）检查油箱的油位。

2）检查发动机油底壳的油面位置，在试车期间第一次运行 250 个小时后应更换发动机机油，以后每隔 500 小时换油一次。

3）检查冷却液的液位。

4）检查冷却器的清洁和渗漏情况。

5）检查液压油位，防止渗漏。

6）检查驱动装置的链条张力，使之与特定的应用情况和路面状况相适应。

7）检查刀头和刀座的工作状况。

8）检查集料皮带和卸料皮带张力以及是否跑偏。

9）检查卸料皮带的钢绳以及钩环的固定、缚牢，如发现破损应即时更换，否则会给人身安全和机器本身带来危害。

（2）操作

1）任何时候，在启动机器时，须确保无人在车上或车下工作，无人在临近危险区域活动。

2）确保所有的防护装置和盖子在正确位置上，并且紧固牢靠。

3）将所有的路面障碍清除工作区，在非整路面上，小心驾驶，避免滑坡、倾覆。

（3）维护

1）维护过程中，应考虑到人身安全、工作及放火等方面的安全工作规程，并且在维护过程中应佩带必要的防护用具。

2）未做特别说明，维护工作应在发动机停止运行的情况下完成。

3）开始维护前，应确保机器不会因疏忽大意而启动、旋转或下降。

4）清洁机身时，不要时候用易燃材料。

5）当使用高压清洗器或蒸汽喷雾装置时，用水直接喷射电力组件、绝缘体、通风设备有必要的话，应盖上这些器件。

6）柴油发动机油在试车期间第一次运行 250 小时后更换，以后每隔 500 小时更换。

7）油滤器在试车运行期间头 250 个小时后更换，以后每隔 500 小时更换。

8）燃油滤清器在试车期间头 250 个小时更换新的燃油滤清器，以后每工作 1000 小时或每年更换一次。

9）对新的燃油滤清器的密封稍加润滑，并在安装前将滤清器注满燃油，用于上紧。

10）空气滤清器每隔 50 小时更换新的燃油滤清器，以后每工作 1000 小时或每年更换一次。

11）对新的燃油滤清器的密封稍加润滑，并在安装前将滤清器注满燃油，用手上紧。

12）空气滤清器每隔 50 小时倒空灰尘收集器，然后对滤芯用压缩空气进行吹扫清洁。

13）冷却液滤清器根据每工作 1000 小时更换一次或一年更换一次。

14）阀门间隙每工作 2000 小时检查，如有必要，应适当调整。

15）液压油每工作 1000 小时更换一次，至少每年更换一次，并定期去污。

16）液压油滤清器根据污染程度更换滤清器，但至少每工作 500 小时后更换一次。

17）星型齿轮传动装置，将油位检查的锁定螺栓位于 9 点钟位置，试车期间 250 小时首次换油以后每工作 1000 小时或 1 年更换一次，注意不要在发动机冷却状态下换油，但一定要在传动停止后再进行换油操作。

18）铣刨转子试车期间 250 小时首次换油，以后每隔 1000 小时或每年更换一次，为排油方便将排放螺栓处于 6 点钟位置，注油螺栓处于 9 点钟位置。

19）水箱每工作 500 小时彻底清洁水箱一次，如工作强度大，每年换水一次。

20）注水泵每隔 1000 小时或每年一次更换油。

21）蓄电池每隔 250 小时或至少 3 个月检查蓄电池电解液位。

22）支承柱需每天润滑，用注由枪向油嘴内上油至从前后导向沟槽内流出。

23）其余轴承每 50 小时润滑一次。每次滴加 3～5滴。

8.13　空气压缩机

（1）开车前应作好如下准备工作：

1）保持油池中润滑油在标尺范围内，并检查注油器内的油量不应低于刻度线值。油尺及注油器所用润滑油的牌号应符合产品说明书的规定。

2）检查各运动部位是否灵活，各连接部位是否紧固，润滑系统是否正常，电机及电器控制设备是否安全可靠。

3）检查防护装置及安全附件是否完好齐全。

4）检查排气管路是否畅通。

5）接通水源，打开各进水阀，使冷却水畅通。

（2）长期停用后首次起动前，必须盘车检查，注意有无撞击、卡住或响声异常等现象。新装机械必须按说明书规定进行试车。

（3）机械必须在无载荷状态下起动，待空载运转情况正常后，再逐步使空气压缩机进入负荷运转。

（4）正常运转后，应经常注意各种仪表读数，并随时予以调整，主要数据范围如下：

1）润滑油压力应在 0.1～0.3MPa，任何情况下不得低于 0.1MPa。

2）Ⅰ级排气压力为 0.18～0.2MPa，不得低于 0.16MPa；Ⅱ级排气压力为 0.8MPa，不得超过 0.84MPa。高压空气压缩机排气不得超过说明书规定值。

3）风冷空气压缩机排气温度低于 180℃；水冷应低于 160℃。

4）机体内油温不得超过 60℃。

5）冷却水流量应均匀，不得有间歇性流动或冒气泡现象。冷却水温度应低于40℃。

（5）工作中还应检查下列情况：

1）电动机温度是否正常，各电表读数是否在规定的范围内。

2）各机件运行声音是否正常。

3）吸气阀盖是否发热，阀的声音是否正常。

4）各种安全防护设备是否可靠。

（6）每工作两小时，需将油水分离器、中间冷却器、后冷却器内的油水排放一次，储风桶内油水每班排放一次。

（7）空气压缩机在运转中发现下列情况时，应立即停车，查明原因，并予以排除。

1）润滑油中断或冷却水中断。

2）水温突然升高或下降。

3）排气压力突然升高，安全阀失灵。

4）负荷突然超出正常值。

5）机械响声异常。

6）电动机或电器设备等出现异常。

（8）正常停车时应先卸去负荷然后关闭发动机。

（9）停车后关闭冷却水进水阀门。冬季低温时须放尽气缸套、各级冷却器、油水分离器以及贮风筒内的存水，以免发生冻裂事故。

（10）如因电源中断停车时，应使电动机恢复启动位置，以防恢复供电，由于启动控制器无动作而造成事故。

（11）以电动机为动力的空气压缩机，其电动机部分的操作须遵照电动机的有关规定执行。

（12）以内燃机为动力的空气压缩机，其动力部分的操作须遵照内燃机的有关规定执行。

（13）空气压缩机停车10日以上时，应向各摩擦面注以充分的润滑油。停车一个月以上作长期封存时，除放出各处油水，拆除所有进、排气阀并吹干净外，还应擦净气缸镜面、活塞顶面，曲轴表面以及所有非配合表面，并进行油封，油封后用盖盖好，以防潮气、灰尘浸入。

（14）移动式空气压缩机在每次拖行前，应仔细检查走行装置是否完好、紧固。拖行速度一般不超过20km/h。

（15）空气压缩机所设贮风筒及安全阀、压力表等安全附件必须符合铁道部有关压缩空气贮气筒安全技术的要求。

（16）空气压缩机的空气滤清器须经常清洗，

保持畅通，以减少不必要的动力损失。

（17）空气压缩机若用于喷砂除锈等灰尘较大的工作时，应使机械与喷砂场地保持一定距离，并应采取相应的防尘措施。

8.14　小型机具安全注意事项

8.14.1　蛙式打夯机

（1）使用前对机械各部进行检查，连接螺栓必须牢固，电器设备应符合要求，所有电源必须有漏电保护器、电动机、电缆各种电器及接地线均不能有漏电和连接不良的现象。转动部分的防护罩应齐全牢靠，并调整好三角皮带的松紧度，然后启动电机进行试运转。

（2）在运转中要捡听和观察机械的声响，三角皮带是否跳动，转动轴。夯头架动臂和偏心块转动时是否摇摆，如有声响不正常，转动轴松旷，夯头架和偏心块摇摆等情况，须停止运转并重新调整和紧固，使其运转正常。

（3）夯实机应由一人操作，一人拉持电缆辅助。操作及辅助人员均须戴绝缘手套，穿胶鞋以防触电，辅助人员跟随在操作人员后边或侧面随时调整电线，调线时要避免夯机砸线，并不得强拖，作业时如发现电缆破裂或漏电应立即停机检修。

（4）辅助人员必须与操作人员密切配合，严禁在打夯机前方隔机扔线，转向或倒线困难时应停机调整，电线保持平顺不得扭结或缠绕。

（5）操作时需集中精神注意行夯路线，双手握正手柄，两腿微弯曲，跟随夯砥直线行走，不能推拉或用力按压手柄，转弯时不能用力过猛，力求缓慢，注意转弯要领，转弯或夯打偏斜时应握紧夯柄用臂力转向，严禁做急转动作，若托盘绝缘良好时，也可用脚蹬托盘的方法转向。

（6）转弯时如果一次转不到所需角度，可在夯头架再次抬起时继续扭手柄；如因工作条件所限不能机动转弯时，则须停机将夯头架扳起，靠牢在操作手柄一侧，进行人工转弯。

（7）操作中，夯机的前进方向不得站人，几台夯机同时工作时，各机必须保持一定的距离，如平行夯实，两机之间距离不得小于 5m，前后同行夯实相互之间距离，不得少于 10m。

（8）夯机在使用中发现拖盘啃土现象时，可轻按手柄使托盘前端翘起，即可正常工作；亦可在运行中将拖盘底部黏土拖掉。夯盘底部黏土不能拖掉时，必须停机铲除。

（9）夯实时应注意地下设施，防止触击托盘而损坏机械。

（10）夯实较高的上方时，应从边缘以内 10 ~ 15cm 开始夯实 2 ~ 3 遍后，再夯实边缘处以防塌方。

（11）夯机在正常运行时板每次夯击的面积应压盖前次夯击后的 1/2 ~ 1/3，不能跃进式夯击，以免造成空夯，影响工程质量。

（12）应经常保持机体清洁，拖盘内落下石块或积土较多时必须停夯清理，以免电动机负荷过大。

（13）在工作中应防止夯板或偏心块打在坑壁上，以免破坏坑壁或损坏机械。

（14）按钮开关应安装在绝缘手柄上，以便在紧急情况下停机。

（15）暂停工作时必须切断电源，电气系统及电动机发生故障时应由专职电工处理。

（16）搬运时必须切断电源，将电线有顺序盘好，由两人抬运或用车辆运送，往沟槽运送时应用绳索吊送，不得推扔。

（17）作完毕后，必须将机械擦干净，并做好保养工作，电线有顺序盘好，并做好防雨措施。

8.14.2 插入式振动器

（1）插入式振动器的电动机电源上，应安装漏电保护装置，接地或接零应安全可靠。

（2）操作人员应经过用电教育，作业时应穿戴绝缘胶鞋和绝缘手套。

（3）电缆线应满足操作所需的长度。电缆线上不得堆压物品或让车辆挤压，严禁用电缆线拖拉或吊挂振动器。

（4）使用前，应检查各部位并确认连接牢固，旋转方向正确。

（5）振动器不得在初凝的混凝土、地板、脚手架和干硬的地面上进行试振。在检修或作业间断时，应断开电源。

（6）作业时，振动棒软管的弯曲半径不得小于500mm，并不得多于2个弯，操作时应将振动棒垂直地沉入混凝土中，插入深度不应超过棒长的3/4，不宜触及钢筋、芯管及预埋件。

（7）振动棒软管不得出现断裂，当软管使用过久使长度增长时，应及时修复或更换。

（8）作业停止，需移动振动器时，应先关闭电动机，再切断电源。不得用软管拖拉电动机。

（9）作业完毕，应将电动机、软管、振动棒清理干净，并应按规定要求进行保养作业。振动器存放时，不得堆压软管，应平直放好，并应对电动机采取防潮措施。

8.14.3　平板式振动器

（1）平板式振动器轴承不应承受轴向力，在使用时，电动机轴应保持水平状态。

（2）在一个模板上同时使用多台附着式振动器时，各振动器的频率应保持一致，相对面的振动器应错开安装。

（3）作业前，应对附着式振动器进行检查和试振。试振不得在干硬土或硬质物体上进行。安装在搅拌站料仓上的振动器，应安置橡胶垫。

（4）安装时，振动器底板安装螺孔的位置应正确，应防止底脚螺栓安装扭斜而使机壳受损。底脚螺栓应紧固，各螺栓的紧固程度应一致。

（5）使用时，引出电缆线不得拉得过紧，更不得断裂。作业时，应随时观察电气设备的漏电保护器和接地或接零装置并确认合格。

（6）附着式振动器安装在混凝土模板上时，每次振动时间不应超过1min，当混凝土在模内泛浆流动或成水平状即可停振，不得在混凝土初凝状态时再振。

（7）装置振动器的构件模板应坚固牢靠，其面积应与振动器额定振动面积相适应。

（8）平板式振动器作业时，应使平板与混凝土保持接触，使振波有效地振实混凝土，等表面出浆、不再下沉后，即可缓慢向前移动，移动速度应能保证混凝土振实出浆。在振的振动器，不得搁置在已凝或初凝的混凝土上。

8.14.4　钢筋调直切断机

（1）安装和试运转。

1）钢筋调直机应安装在平坦坚实的地面上。

2）安装承重架时，承重架料槽的中心要对准导向筒、调直筒、下切刀孔或剪切齿轮槽的中心线，并保持平直。

3）机器安装后，必须检查电气线路和零件有无损坏，机器的连接件是否可靠，各传动部分是否灵活，确认无误后方可进行试运转。

4）先进行空机运转，检查轴承（重点检查调直筒轴承）、锤头、切刀或剪切齿轮等工作是否正常。确认无异常状况时，方可送料，试验调直和切断。

（2）操作中安全注意事项：

1）按所调直钢筋直径，选用适当调直块、曳引轮槽及转动速度。调直块直径应比钢筋直径大于2.5mm，曳引轮槽宽与所调直钢筋直径相同。

2）调直块的调整：一般调直筒内有5个调直块，第1、第5这2个须放在中心线上，中间3个可偏离中心线。先使钢筋偏移3mm左右的偏移量，经过调直，如钢筋仍有弯，可逐渐加大偏移量直到调直为止。

3）切断3、4根钢筋后须停机检查其长度是否合适。如长度有偏差，可调整限位开关或定尺板。

4）在导向筒的前部应安装一根1m左右长的钢管。被调直的钢筋应先穿过钢管再穿入导向筒和调直筒，以防止每盘钢筋接近调直完毕时弹出伤人。

5）在调直块未固定，防护罩未盖好前不得穿入钢筋，以防止开动机器后，调直块飞出伤人。

6）钢筋穿入后，手与曳引轮应保持一定距离。

7）钢筋在调直过程中，为防止由于氧化铁皮飞扬，污染环境，应采取相应的防尘措施。

8.14.5 钢筋切断机

（1）使用前必须检查刀片有无裂纹，刀片固定螺丝是否紧固。皮带轮侧面的防护栏和传动部分的防护罩是否齐全。

（2）机械未达到正常转速时，不得切料。切断时应注视刀片来往间隙，双手握紧钢筋迅速送入，并向刀片一侧稍用力压紧，不准两手分在刀片两边俯身送料。

（3）禁止切断直径超过机械名牌规定的钢筋和烧红的钢筋。多根钢筋一次切断时必须换算钢筋截面。

（4）如切断低合金等特种钢筋，应更换高硬度刀片，同时根据机器名牌所规定直径进行换算。

（5）切断短料时，手握一端的长度不得小于40cm，贴近刀片的手与刀片之间至少保持15cm以上的安全距离。切下的钢筋长度小于30cm时，切断前必须用套管或夹具压住短头防止回弹伤人。

（6）切断较长的钢筋，应设专人帮扶钢筋，扶钢筋人员应与掌握机器人员动作一致，并听从其指挥，不得任意拉、拽。

（7）机械运转中严禁用手直接清除刀口附近的

断头和杂物。钢筋摆动范围内及刀口附近，非操作人员不准停留。

(8) 发现机械运转不正常，有异声或刀片歪斜、松动、崩裂时，应立即断电停车检修。严禁对运转的机械进行检修。

(9) 已切断的半成品，应码放整齐。防止个别新切口突出划伤皮肤。

(10) 工作完毕应拉闸断电，锁好开关箱，并将工作地点清扫干净，机器擦净和加注润滑油脂。

8.14.6　钢筋弯曲机

(1) 机械安装必须注意机身应安全接地，电源不允许直接接在按钮上，应另装铁壳开关控制电源。

(2) 使用前检查机件是否齐全，所选的动齿轮是否和所弯钢筋直径机转速符合。牙轮啮合间隙是否适当。固定铁锲是否紧密牢固。以及检查转盘转向是否和倒顺开关方向一致。并按规定加注润滑油脂。检查电气设备绝缘接地线有无破损、松动。并经过试运转，认为合格方可操作。

(3) 操作时应将钢筋需弯的一头安稳在转盘固定镢头的间隙内，另一端紧靠机身固定镢头，用一手压紧，必须注意机身镢头确实安在挡住钢筋的一侧，方可开动机器。

（4）更换转盘上的固定镢头，应在运转停止后再更换。

（5）严禁弯曲超过机械名牌规定直径的钢筋和吊装起重索具用的吊钩。如弯曲未经冷拉或带有锈皮的钢筋，必须带好防护镜。弯曲低合金钢等非普通钢筋时，应按机械名牌规定换算最大限制直径。

（6）变速齿轮的安装应按下列规定：

1）直径在 18mm 以下的普通钢筋可以安装快速齿轮。

2）直径在 18～24mm 时可用中速齿轮。

3）直径在 25mm 以上必须使用慢速齿轮。

（7）转盘倒向时，必须在前一种转向停止后，方许倒转。拨动开关时必须在中间停止挡上等候停车，不得立即拨反方向挡。运转中发现卡盘颤动，电机发热超过名牌规定，均应立即断电停车检修。

（8）弯曲钢筋的旋转半径内，和机身不设固定镢头的一侧不准站人。弯曲的半成品应码放整齐，弯钩一般不得上翘。

（9）弯曲较长钢筋，应有专人帮扶钢筋，帮扶人员应按操作人员指挥手势进退，不得任意推送。

（10）工作完毕应将工作场所及机身清扫干净，缝坑中的积锈应用手动鼓风器（皮老虎）吹掉，禁止用手指抠挖。

8.14.7 电焊机

（1）工作前必须清除油渍和污物，否则将严重降低电极的使用期限，影响焊接质量。

（2）焊机通电后，应检查电气设备、操作机构、冷却系统、气路系统及机体外壳有无漏电等现象。

（3）焊机起动前，首先接通控制线路的转换开关和焊接电流的小开关，安插好级数调节开关的闸刀位置，接通水源、气源、控制箱上各调节按钮，最后接通电源，即可进行工作。

（4）电极触头应保持光洁，必要时可用细锉刀或砂布修光。

（5）焊机的轴承铰链和气缸的活塞、衬环等应定期润滑。

（6）焊机工作时，气路系统，水冷却系统应畅通。气体必须保持干燥，不应含有水分。排水温度不应超过 40℃，排水流量可根据季节调节（冬季小些，夏季大些）。

（7）焊机在气温0℃以下停止工作时，必须用压缩空气吹除冷却系统的存水，以防管路冻裂或堵塞。

（8）上电极的工作行程通过调节气缸体下面的两个螺母来实现，调节完毕，必须拧紧。

（9）电极压力可以根据焊接规范的要求，通过旋转减压阀手柄来调节。

（10）避免引燃管和硒整流器毁坏，严禁在引燃电路中加大熔断器。

（11）当负载过分小而使引燃管内电弧不能发生时，严禁闭合控制箱的引燃电路，因为此时引燃电路不能被电弧分路，而使引燃电路在闭合期间有较大电流通过容易损坏引燃管及硒整流器。

（12）控制箱的电路装置较复杂，使用时应注意保护电路设施不受触碰而损坏。冬季气温低时，闸流管、引燃管不易引燃。室内温度不应低于15℃。

（13）焊机停止工作后，必须清除杂物和焊渣溅末。

（14）焊机停止工作，应先切断电源、气源，最后关闭水源。

（15）焊机长期停用，必须在不涂漆的活动部位涂上防锈油脂，以免零件生锈。

（16）控制箱如长期停用，为预防潮气浸入，每月应通电加热 30 分钟，如更换闸流管亦应预热 30 分钟。正常工作控制箱的预热不少于 5 分钟，否则容易产生逆弧或失控现象。

8.14.8　焊、割设备

（1）作业前准备

1）检查橡胶软管接头、氧气表、减压阀等应紧固牢靠，无泄漏。严禁油脂、泥垢沾染气焊工具、氧气瓶。

2）严禁将氧气瓶、乙炔发生器靠近热源和电闸箱；并不得放在高压线及一切电线的下面；切勿在强阳光下曝晒；应放在操作工点的上风处，以免引起爆炸。四周应设围栏，悬挂"严禁烟火"标志，氧气瓶、乙炔气瓶与焊、割炬（也称焊、割枪）的间距应在 10m 以上，特殊情况也应采取隔离防护措施，其间距也不准少于 5m，同一地点有 2 个以上乙炔发生器，其间距不得小于 10m。

3）氧气瓶应集中存放，不准吸烟和明火作业，禁止使用无减压阀的氧气瓶。

4）氧气瓶应配瓶嘴安全帽和两个防震胶圈。

移动时，应旋上安全帽，禁止拖拉、滚动或吊运氧气瓶；禁止带油脂的手套搬运氧气瓶；转运时应用专用小车，固定牢靠，避免碰撞。

5）氧气瓶应直立放置，设支架稳固，防止倾倒；横放时，瓶嘴应垫高。

6）乙炔气瓶使用前，应检查防爆和防回火安全装置。

7）按工件厚度选择适当的焊炬和焊嘴，并拧紧焊嘴应无漏气。

8）焊、割炬装接胶管应有区别，不准互换使用，氧气管用红色软管，乙炔管用绿或黑色软管。使用新软管时，应先排除管内杂质、灰尘，使管内畅通。

9）不得将橡胶软管放在高温管道和电线上，或将重物或热的物件压在软管上，更不得将软管与电焊用的导线敷设在一起。

10）安装减压器时，应先检查氧气瓶阀门接头不得有油脂，并略开氧气瓶阀门出气口，关闭氧气瓶阀门时，须先松开减压器的活门螺丝（不可紧闭）。

11）检查焊（割）炬射吸性能时，先接上氧气软管，将乙炔软管和焊、割炬脱开后，即可打开乙炔阀和氧气阀，再用手指轻按焊炬上乙炔进气管接口，如手感有射吸能力，气流正常后，再接上乙炔管路。如发现氧气从乙炔接头中倒流出来，应立即修复，否则禁止使用。

12）检查设备、焊炬、管路及接头是否漏气时，应涂抹肥皂水，观察有无气泡产生，禁止用明火试漏。

13）焊、割嘴堵塞，可用通针将嘴通一下，禁止用铁丝通嘴。

（2）焊、割中注意事项

1）开启氧气瓶阀门时，禁止用铁器敲击，应用专用工具，动作要缓慢，不要面对减压器。

2）点火前，急速开启焊、割炬阀门，用氧气吹风，检查喷嘴出口。无风时不准使用，试风时切忌对准脸部。

3）点火时，可先把氧气调节阀稍微打开后，再打开乙炔调节阀，点火后即可调整火焰大小和形状。点燃后的焊炬不能离开手，应先关乙炔阀，再关氧气阀，使火焰熄灭后才准放下焊炬，不准放在地上，严禁用烟头点火。

4）进入容器内焊接时，点火和熄火均应在容器外进行。

5）在焊、割储存过油类的容器时，应将容器上的孔盖完全打开，先将容器内壁用碱水清洗干净，后再用压缩空气吹干，充分作好安全防护工作。

6）氧气瓶压力指针应灵敏正常，瓶中氧气不许用尽，必须预留余压，至少要留 0.1～0.2MPa 的氧气，拧紧阀门，瓶阀处严禁沾染油脂，瓶壳处应注上"空瓶"标记。乙炔瓶比照规定执行。

7）焊、割作业时，不准将橡胶软管背在背上操作，禁止用焊、割炬的火焰作照明。氧气、乙炔软管需横跨道路和轨道时，应在轨道下面穿过或吊挂过去，以免被车轮辗压破坏。

8）焊、割嘴外套应密封性好，如发生过热时，应先关乙炔阀，再关氧气阀，浸水冷却。

9）发生回火时，应迅速关闭焊、割炬上的乙炔调节阀，再关闭氧气调节阀，可使回火很快熄灭。如紧急时（仍不熄火），可拔掉乙炔软管，再关闭一级氧气阀和乙炔阀门，并采取灭火措施。稍等后再打开氧气调节阀，吹出焊、割炬内的残留余焰和碳质微粒，才能再做焊、割作业。

10）如发现焊炬出现爆炸声或手感有振动现象，应快速关闭乙炔阀和氧气阀，冷却后再继续作业。

11）进行高空焊割作业时，应使用安全带。高空作业处的下面，严禁站人或工作，以防物体下落砸伤。

（3）焊割作业完后注意事项

1）关闭气瓶嘴安全帽，将气瓶置放在规定地点。

2）定期对受压容器、压力表等安全附件进行试验检查和周期检查及强制检查。

3）短时间停止气割（焊）时，应关闭焊、割炬阀门。离开作业场所前，必须熄灭焊、割炬，关闭气门阀，排出减压器压力，放出管中余气。

4）如发现乙炔软管在使用中脱落、破裂、着火时，应立即熄灭焊、割炬火焰，再停止供气，必要时可折弯软管以熄火。

5）如发现氧气软管着火时，应迅速关闭氧气瓶阀门，停止供氧，但不准用折弯软管办法熄火。

6）熄灭焊炬火焰时，应先关闭乙炔阀门，再关闭氧气阀门；熄灭割炬则应先关切割氧，再关乙炔和预热氧气阀门，然后将减压器调节螺丝拧松。

7）在大型容器内焊、割作业未完时，严禁将焊、割炬放在容器内，防止焊、割炬的气阀和软管接头泄气，在容器内储存大量乙炔和氧气，一旦接触火种，将引起燃烧和爆炸。

8.14.9 潜水泵

（1）起动前检查

1）水管应结扎牢固。

2）放气、放水、注油等螺塞均应旋紧。

3）叶轮绝缘应良好。

（2）工作电压在 342～418V 范围内。

（3）电泵应放在坚固的网篮内放入水中，以防乱草杂物轧住叶轮，其沉入水中最浅深度为 0.5m，最深不超过 3m；应直立水中，不得陷入泥中，以防因散热不良而烧坏。

（4）电泵放入水中或从水中提出，须拉住扣在电泵耳环上的绳子，严禁提拉电缆。出水管以能套上电泵管接头为宜。

（5）接好电源后，先试运转，检查旋转方向是否正确。电泵在水外运转的时间不得超过 5 秒，以防过热。

（6）电泵应装设接零保护或漏电保护装置，工作时，周围 30m 以内不得有人畜进入。

（7）停转后不得立即再启动。每小时启动不得超过 10 次。停机后再间隔 1 秒以上才能开机。在运转中如发现声音不正常，应立即切断电源进行检查。

（8）新电泵或新换过橡胶密封圈的电泵使用 50 小时后，应旋开放水封口塞检查泄漏量（流出的水和油），如不超过 5ml 说明密封正常。若超过 5ml，应进行 196kPa（2kgf/cm^2）的气压试验。检查泄漏原因后，予以排除。以后每月检查一次，若泄漏不超过 25ml，可以继续使用。检查后必须旋开放油封口塞倒出油室内的储油，换上规定的润滑油。

（9）经过修理的油浸式潜水泵，应先进行 196kPa（2kgf/cm^2）气压试验，检查各部无泄漏现象，然后将润滑油加入上、下壳体内。

（10）电泵使用的地点气温低于 0℃ 时，在停止运转时，应从水中提出电泵擦干后存放室内。

（11）每周应测定一次电动机定子绕组对地的绝缘电阻有无下降。

9 施工临时用电

9.1 临时用电技术管理

按照《施工现场临时用电安全技术规范》（JGJ 46—2005）的规定：施工现场临时用电设备在 5 台及以上或设备总容量在 50kW 及以上者，应编制用电组织设计。施工现场临时用电设备在 5 台以下和设备总容量在 50kW 以下者，可不编制用电组织设计但仍要求编制安全用电措施和电气防火措施，并且严格履行相同的编制、审核、批准程序。

施工现场临时用电组织设计应包括下列内容：

（1）现场勘测；

（2）确定电源进线、变电所或配电室、配电装置、用电设备位置及线路走向；

（3）进行负荷计算；

（4）选择变压器；

（5）设计配电系统：设计配电线路，选择导线或电缆；设计配电装置，选择电器；设计接地装置；绘制临时用电工程图纸，主要包括用电工程总平面图、配电装置布置图、配电系统接线图、接地装置设计图；

(6) 设计防雷装置；

(7) 确定防护措施；

(8) 制定安全用电措施和电气防火措施。

施工现场临时用电必须建立安全技术档案，并应包括下列内容：

(1) 用电组织设计的全部资料；

(2) 修改用电组织设计的资料；

(3) 用电技术交底资料；

(4) 用电工程检查验收表；

(5) 电气设备的试、检验凭单和调试记录；

(6) 接地电阻、绝缘电阻和漏电保护器漏电动作参数；测定记录表；

(7) 定期检（复）查表；

(8) 电工安装、巡检、维修、拆除工作记录。

9.2 临时用电现场管理及照明

9.2.1 一般规定

(1) 施工现场临时用电工程专用中性点直接接

地的 220/380V 三相四线制低压电力系统，必须符合下列规定：

1）采用三级配电系统；

2）采用 TN-S 接零保护系统；

3）采用二级漏电保护系统。

（2）临时用电工程的定期检查应按分部、分项工程进行，属于专项安全生产检查范围，定为每月一次。对于存在的安全隐患必须及时处理，并履行复查验证手续。

（3）施工范围内部分与外电线路不能保持安全距离的，应编制外电防护方案，经所属电力部门审批合格后规范实施；严禁在与外电线路不能保持安全距离的范围内，未采取有效外电防护措施时施工作业。

9.2.2 外电线路及电气设备防护

（1）在建工程不得在高、低压线路的超规定垂直下方施工，不得在高、低压线路的下方搭设作业棚、建造生活设施，或堆放构件、架具、材料及其他杂物。

（2）在建工程（含脚手架具）的外侧边缘与外电架空线路之间必须保持安全操作距离，最小安全操作距离应符合表 9-1 的规定。

在建工程的外侧边缘与外电架空线路之间最小安全操作距离　　表 9-1

外电线路电压	1kV 以下	1 ~ 10kV	35 ~ 110kV	154 ~ 220kV	330 ~ 500kV
最小安全操作距离（m）	4	6	8	10	15

（3）起重机严禁越过无防护设施的外电架空线路进行作业，在外电架空线路附近吊装时，起重机的任何部位或被吊物边缘与架空线路边线的最小安全距离应符合表 9-2 规定。

起重机或被吊物边缘与架空线路边线的最小安全距离　　表 9-2

电压（kV）	<1	10	35	110	220	330	500
沿垂直方向安全距离（m）	1.5	3.0	4.0	5.0	6.0	7.0	8.5
沿水平方向安全距离（m）	1.5	2.0	3.5	4.0	6.0	7.0	8.5

（4）在建工程（含脚手架具）的外侧边缘与外电架空线路之间达不到安全距离的要求时，必须采取增设屏障、遮拦、围栏或保护网等防护措施，并悬挂醒目的警告标志牌。防护设施架设作业，应由电气工程技术人员或专职安全员负责监护。

（5）在建工程（含脚手架具）的外侧边缘与外电架空线路之间不符合安全距离要求，且无法实施防护时，必须与有关部门协商，采取停电、迁移外电线路或改变施工位置等措施。

（6）在外电架空线路附近开挖施工时，必须采取有效措施防止外电架空线路电杆的倾斜、悬倒。

（7）施工现场开挖沟槽的边缘与埋地外电缆沟槽的边缘之间的距离不得小于0.5m。

9.2.3 接地与防雷

（1）施工现场专用的中性点直接接地的电力线路必须采用TN-S接零保护系统，电气设备的金属外壳必须与专用保护零线连接，专用保护零线应由工作接地线、配电室的零线或第一级漏电保护器电源侧的零线引出。

（2）施工现场与外电线路共用一个供电系统时，电气设备应根据要求作保护接零或保护接地，不得一部分设备作保护接零，另一部分设备作保护接地。

（3）施工现场的电力系统严禁利用大地作相线或零线。

（4）保护零线（PE）应单独敷设不作他用，采用绿/黄双色线与相线、工作零线相区别，与重复接地线连接应采用绝缘多股铜芯线，截面应不小于工作零线的截面且最小截面不小于 2.5mm²。

（5）每一接地装置的接地线应采用两根以上导体，在不同点与接地装置做电气连接，不得用铝导体作接地体或地下接地线，垂直接地体宜采用角钢、钢管或圆钢，不得采用螺纹钢材。

（6）施工现场所有电气设备，除作保护接零外，必须在设备负荷线的首端处设置漏电保护装置。

（7）变压器或发电机的工作接地电阻值不得大于 4Ω，保护零线每一重复接地装置的接地电阻值不应大于 10Ω。

（8）保护零线除必须在配电室或总配电箱处作重复接地外，还必须在配电线路的中间处和末端处做重复接地。

（9）在相邻建筑物、构筑物的防雷装置保护范围以外的施工机械设备应按照表9-3的规定安装防雷装置；若最高机械设备避雷针的保护范围按60°计算能够保护其他设备，且最后退出现场，则其他设备可不设防雷装置。

施工现场内机械设备需安装防雷装置的规定

表9-3

地区年平均暴雨日（天）	机械设备高度（m）
≤15	≥50
>15，<40	≥32
≥40，<90	≥20
≥90及雷害特别严重的地区	≥12

（10）施工现场内所有防雷装置的冲击接地电阻值不得大于30Ω；机械设备上的避雷针（接闪器）长度应为1~2m。

9.2.4　配电线路

（1）架空线必须采用绝缘铜线或绝缘铝线，架设在专用的电杆上。绝缘铝线截面不应小于16mm²，绝缘铜线截面不应小于10mm²。跨越铁路、公路、河流、电力线路挡距内的架空绝缘铝线最小截面不小于25mm²，绝缘铜线截面不小于16mm²，挡距内的架空线路不得有接头。

（2）架空线路挡距不得大于35m，线间距离不得小于0.3m。在和保护零线同一横担架设时，导线的相序排列应为L1、N、L2、L3、PE。

（3）架空线路宜采用混凝土杆或木杆。混凝土杆不得有露筋、环向裂缝和扭曲；木杆不得腐朽，其梢径不得小于130mm。电杆的埋设深度宜为杆长1/10加0.6m，在松软土质处应当加大埋设深度或采用卡盘等加固措施。

（4）拉线宜采用镀锌铁线，其截面不小于3×ϕ4.0mm，与电杆的夹角应在45°~30°之间，埋设深度不小于1m。钢筋混凝土电杆上的拉线应在高于地面2.5m处装设拉紧绝缘子。

（5）因受地形影响限制不能装设拉线时，可采用撑杆代替拉线，撑杆的埋设深度不得小于0.8m，其底部应垫底盘或石块，撑杆与主杆的夹角宜为30°。

（6）接户线在挡距内不得有接头，进线处距地面高度不得小于2.5m。

（7）配电线路应采用熔断器和自动开关作短路保护。采用熔断器作短路保护时，熔体的额定电流不应大于电缆或穿管绝缘导线允许载流量的 2.5 倍，不大于明敷绝缘导线允许载流量的 1.5 倍；采用自动开关作短路保护时，其过电流脱扣器脱扣电流整定值应小于线路末端单相短路电流，并应能承受短时过负荷电流。

（8）经常性过负荷的线路、易燃易爆物邻近的线路、照明线路必须有过负荷保护。

（9）电缆线路应采用埋地或架空敷设，并应采取保护措施防止机械损伤或介质腐蚀，严禁沿地面明敷设。

（10）电缆穿越建筑物、构筑物、道路、易受机械损伤的场所，及从引出地面高 2m 至地下 0.2m 处，必须加设防护套管。

（11）电缆接头应牢固可靠，并应做绝缘包扎，不得承受拉力。埋地敷设电缆线的接头应设在地面上的接线盒内，接线盒应能防水、防尘、防机械损伤并远离易燃易爆、易腐蚀场所。

（12）橡胶护套电缆线在架空敷设时，应沿墙壁或电杆设置，并用绝缘子固定，固定点间距应保证橡皮电缆能承受自重所带来的荷重，严禁使用金属裸线作绑线。电缆的最大弧垂距地不得小于2.5m，进户线距地面不得小于2.5m。

（13）电缆在室外直接埋设的深度不应小于0.6m，电缆上应均匀铺设不小于50mm厚的细砂，并覆盖硬质保护层。

（14）电缆的类型应根据敷设方式、环境条件来选择，截面积应根据允许载流量和电压等级、电压损失来确定。

（15）电缆线路与其附近热力管道的平行间距不得小于2m，交叉间距不得小于1m。

（16）埋地敷设电缆，在地面上应有明显标志，有专人负责管理，上方不得堆放物料。

9.2.5 配电箱及开关箱

（1）配电系统应设置总配电柜和分配电箱，实行分级配电。

（2）总配电箱的位置应靠近电源，分配电箱应设在用电设备或负荷相对集中的位置。分配电箱与开关电箱的距离不得超过30m；开关电箱与其控制的固定式用电设备的水平距离不宜超过3m。

（3）配电箱、开关箱应布置在干燥、通风及常温的场所，不得设置在存有瓦斯、烟气、蒸汽、液体及其他有害物质，或易受撞击、震动、液体侵溅及热源烘烤的场所。

（4）配电箱、开关箱安装应端正、牢固。移动式配电箱、开关箱应装设在牢固的支架上，箱底部与地面的垂直距离应在 1.3~1.5m 范围内。移动式分配电箱、开关箱的下底与地面的垂直距离宜在 0.6~1.5m 范围内。

（5）配电箱、开关箱的工作接地线应通过接线端子连接，并与保护接地线接线端子板分别设置。

（6）配电箱、开关箱内的连接线应采用绝缘导线，接头不得松动，不得有外露带电部分。

（7）配电箱、开关箱必须有防雨、防尘措施。采用金属箱体的配电箱、开关箱外壳，金属电气安装板以及箱内电器的不带电金属底座必须作保护接地。

（8）配电箱、开关箱内的电器元件应可靠完好，不得使用破损、不合格的元件。

（9）每台用电设备应配置专用的开关箱，实行"一机一闸一漏"制，严禁用同一个开关电器直接控制 2 台及 2 台以上用电设备。

（10）分配电箱和开关箱中两级漏电保护器的额定漏电动作电流和额定漏电动作时间应合理配

224

合，具有分级、分段保护功能。末开关箱漏电保护器额定漏电动作电流应不大于 15mA；分配电箱漏电保护开关的漏电动作电流应为 30 ~ 50mA。漏电保护器额定漏电动作时间应小于 0.1s。

（11）漏电保护开关不得随意拆卸和调换零部件，以免改变原有技术参数，并应经常检查校验，发现异常，必须立即查明原因予以更换，严禁带病使用。

（12）配电箱、开关箱中导线的进线和出线口应设在箱体的底部，严禁设在箱体的上部、侧面、后面或箱门处。进、出线应加护套分路成束并做防水弯。

（13）移动式配电箱、开关箱的进、出线必须采用橡胶绝缘电缆。进入开关箱的电源线，严禁用插销连接。

（14）检查、维修配电箱、开关箱时，必须将前一级相应的电源开关分闸断电，并悬挂停电警示牌，严禁带电作业。更换熔断器的熔体时，熔体规格应匹配。

（15）配电箱、开关箱送电的操作顺序为：总配电箱→分配电箱→开关箱；停电的操作顺序为：开关箱→分配电箱→总配电箱。

（16）配电箱内的开关及仪表等电器元件排列应整齐，配线绝缘良好，熔丝及保护装置选择合理。3个及其以上回路的配电箱应设总开关，分开关应标有回路名称。三相胶盖闸开关只能作为断路开关使用，不得装设熔丝，应另加装熔断器。各开关、触点应动作灵活、接触良好。配电箱的操作盘面不得有带电体明露，箱内应整洁，不得放置工具等杂物，箱门应设有线路图。

（17）配电箱周围2m范围内及门前不得堆放杂物，箱体应清洁。

（18）电气作业人员必须经专业安全技术培训，考试合格持证上岗，非电工严禁进行电气作业。电工作业时，必须穿绝缘鞋、戴绝缘手套，不准酒后操作。

（19）施工现场在一般情况下，禁止带电作业。

（20）所有绝缘、检测工具应妥善保管，并应定期检查、校验。所有接地或接零处，电气连接必须可靠。

（21）定期和不定期对现场临时用电的重复接地、绝缘电阻、保护接零（地）和漏电保护开关进行检测、维修、发现隐患及时消除，并建立检测维修记录。

（22）搬迁或移动用电设备，必须经电工切断电源并作妥善处理后进行。

（23）工程竣工后，临时用电设备设施应及时按顺序切断电源后拆除，不得留有隐患。切断电源过程中，必须及时做好监护工作。

9.2.6　照明

（1）在坑洞内作业、夜间施工或自然采光差的场所，应设一般照明、局部照明或混合照明。在一个工作场所内，不得只装设局部照明。停电后，操作人员需要及时撤离现场的特殊工程，必须装设有自备电源的工作照明。

（2）需要大面积照明的场所，应采用高压镝灯、高压钠灯、汞灯或碘钨灯，安装高度不得低于3m，灯头与易燃物的净距离不小于0.3m。流动性碘钨灯采用金属支架安装时，支架应牢固，灯具与金属支架之间隔离绝缘材料厚度不小应为0.2m。

（3）对于夜间影响飞机或车辆通行的在建工程或机械设备，必须安装设置醒目的红色信号灯，其电源应设在施工现场电源总开关的前侧。

（4）对有爆炸或火灾危险的场所，必须按危险场所等级选择相应的照明器具。

照明器具和器材的质量均应符合有关标准规范的规定，不得使用绝缘老化，破损的器材、器具。

　　(5) 现场基坑、管道、隧道等潮湿的作业环境，照明电源电压不应大于36V。在锅炉或金属容器内工作的照明工具，其电源电不得大于12V。

　　(6) 一般施工场所宜选用额定电压为220V的照明器。

　　(7) 36V及以下的照明变压器，必须使用双绕组型，二次线圈、铁芯、金属外壳必须有可靠保护接地。一、二次侧应分别装设熔断器，一次线长度不应超过3m。

　　(8) 室内照明灯具距地面高度不得低于2.4m。

　　(9) 施工照明灯具露天装设时，应采用防水式灯具，距地面高度不得低于3m。

　　(10) 每路照明支线上灯具和插座数不宜超过25个，额定电流不得大于15A，并用熔断器保护。

　　(11) 工作棚、场地的照明灯具，应分路控制，每路照明支线上连接灯具不得超过10盏。若超过10盏时，每个灯具上应装设熔断器。

　　(12) 不得使用带开关的灯头，应选用螺口灯头，螺口灯头的相线应接在与中心触头相连的一端，零线接在与螺纹口相连的一端。灯头的绝缘外壳不得有损伤和漏电。

（13）照明灯具的金属外壳必须做保护接地。手持灯具应用胶把和网罩保护。

（14）单相回路的照明开关箱内必须装设漏电保护开关。

（15）照明路线不得敷设在金属脚手架、龙门架或井字架上，严禁在地面上乱拉、乱拖。控制刀闸应配有熔断器和防雨措施。

（16）施工现场的照明灯具应采用分组控制或单灯控制，严禁插座与扳把开关靠近装设。

9.3　发电机使用管理

（1）以柴油机为动力的发电机，其发动机部分的操作按内燃机的有关规定执行。

（2）发电机启动前必须认真检查各部分接线是否正确，各连结部分是否牢靠，电刷是否正常、压力是否符合要求，接地线是否良好。

（3）启动前将励磁变阻器的阻值放在最大位置上，断开输出开关，有离合器的发电机组应脱开离合器。先将柴油机空载启动，运转平稳后再启动发电机。

（4）发电机开始运转后，应随时注意有无机械杂音，异常振动等情况。确认情况正常后，调整发电机至额定转速，电压调到额定值，然后合上输出开关，向外供电。负荷应逐步增大，力求三相平衡。

（5）发电机并联运行必须满足频率相同、电压相同、相位相同、相序相同的条件才能进行。

（6）准备并联运行的发电机必须都已进入正常稳定运转。

（7）接到"准备并联"的信号后，以整部装置为准，调整柴油机转速，在同步瞬间合闸。

（8）并联运行的发电机应合理调整负荷，均衡分配各发电机的有功功率及无功功率。有功功率通过柴油机油门来调节，无功功率通过励磁来调节。

（9）运行中的发电机应密切注意发动机声音，观察各种仪表指示是否在正常范围之内。检查运转部分是否正常，发电机温升是否过高。并做好运行记录。

（10）停车时，先减负荷，将励磁变阻器回复，使电压降到最小值，然后按顺序切断开关，最后停止柴油机运转。

（11）并联运行的柴油机如因负荷下降而需停车一台，应先将需要停车的一台发电机的负荷，全部转移到继续运转的发电机上，然后按单台发电机停车的方法进行停车。如需全部停车则先将负荷切断，然后按单台发电机停机办理。

（12）移动式发电机，使用前必须将底架停放在平稳的基础上，运转时不准移动。

（13）发电机在运转时，即使未加励磁，亦应认为带有电压。禁止在旋转着的发电机引出线上工作及用手触及转子或进行清扫。运转中的发电机不得使用帆布等物遮盖。

（14）发电机经检修后必须仔细检查转子及定子槽间有无工具、材料及其他杂物，以免运转时损坏发电机。

（15）机房内一切电器设备必须可靠接地。

（16）机房内禁止堆放杂物和易燃、易爆物品，除值班人员外，未经许可禁止其他人员进入。

（17）房内应设有必要的消防器材，发生火灾事故时应立即停止送电，关闭发电机，并用二氧化碳或四氯化碳灭火器扑救。

9.4 手持电动工具使用管理

9.4.1 手持电动工具的分类

电动工具按其触电保护分为Ⅰ、Ⅱ、Ⅲ类。

（1）Ⅰ类工具在防止触电保护方面不仅依靠基本绝缘，而且还包含一个附加安全预防措施。其方法是将可触及的可导电的零件与已安装的固定线路中的保护（接地）导线连接起来。因此这类工具使用时一定要进行接地或接零，最好装设漏电保护器。

（2）Ⅱ类工具在防止触电的保护方面不仅依靠基本绝缘，而且它还提供双重绝缘或加强绝缘的附加安全预防措施和没有保护接地或依赖安装条件的措施。即使用时不必接地或接零。

（3）Ⅲ类工具在防止触电保护方面依靠安全特低供电和在工具内部不会产生比安全特低电压高的电压。其额定电压不超过50V，一般为36V，故工作更加安全可靠。

9.4.2　使用注意事项

手持电动工具在使用中，除了根据各种不同工具的特点，作业对象和使用要求进行操作外，还应共同注意以下事项：

（1）为了保证安全，应尽量使用Ⅱ类（或Ⅲ类）电动工具，当使用Ⅰ类工具时，必须采用其他安全保护措施，如加装漏电保护器、安全隔离变压器等。条件未具备时，应有牢固可靠的保护接地装置，同时使用者必须戴绝缘手套，穿绝缘鞋或站在绝缘垫上。

（2）使用前应先检查电源电压是否和电动工具铭牌上所规定的额定电压相符。长期搁置未用的电动工具，使用前还必须用500V兆欧表测定绕组与机壳之间的绝缘电阻值，应不得小于7MΩ，否则必须进行干燥处理。

（3）操作人员应了解所用电动工具的性能和主要结构，操作时要思想集中，站稳，使身体保持平衡，并不得穿宽大的衣服，不戴纱手套，以免卷入工具的旋转部分。

（4）使用电动工具时，操作者所使用的压力不能超过电动工具所允许的限度，切忌单纯求快而用力过大，致使电机因超负荷运转而损坏。另外，电动工具连续使用的时间也不宜过长，否则微型电机容易过热损坏，甚至烧毁。一般电动工具在使用2h左右即需停止操作，待其自然冷却后再行使用。

（5）电动工具在使用中不得任意调换插头，而将导线直接插入插座内。当电动工具不用或需调换工作头时，应及时拔下插头，但不能拉着电源线拔下插头。插插头时，开关应在断开位置，以防突然起动。

（6）使用过程中要经常检查，如发现绝缘损坏，电源线或电缆护套破裂，接地线脱落，插头插座开裂，接触不良以及断续运转等故障时，应即修理，否则不得使用。移动电动工具时，必须握持工具的手柄，不能用拖拉橡皮软线来搬动工具，并随时注意防止橡皮软线擦破、割断和轧坏现象，以免造成人身伤害事故。

（7）电动工具不适宜在含有易燃、易爆或腐蚀性气体及潮湿等特殊环境中使用，并应存放于干燥、清洁和没有腐蚀性气体的环境中。对于非金属壳体的电机、电器，在存放和使用时应避免与汽油等溶剂接触。

9.5 电气防火及灭火知识

（1）要严格按规定，选用与电气设备的用电负荷相匹配的开关、电器，线路的设计与导线的规格也要符合规定，以保护装置的完好。

（2）照明灯具及发热、产生电火花的电气设备，从安装上、使用过程中都不容许与易燃物靠近，应保持一定的距离。

（3）电气设备要严格按其性能运行，不准超载运行，做好经常性的检修保养使设备能正常运行，并保持通风良好。

（4）火灾危险场所使用的电气设备，应根据《爆炸和火灾危险环境电力装置设计规范》列出其中"火灾危险环境的电气装置"有关要求，供施工中运用。

（5）雷电也能引起火灾，对避雷装置要注意检修保养，保持接地良好。有静电时还要做好防静电火灾的防护。

（6）发生火灾首先应迅速设法切断电源，以防发生触电事故。

（7）火灾发生后，由于受潮或烟熏，开关设备绝缘能力降低，因此拉闸时最好用绝缘工具操作；切断电源的地点要选择适当，防止切断电源后影响灭火工作。

（8）如需切断电线时，非同相线应在不同部位剪断，以免造成短路；剪断空中电线时，剪断位置应选择在电源方向支持物附近，以防剪断电线掉下来造成接地短路或触电事故。对已落下来的电线处要设警界区域。

（9）当一时无法切断电源时，为了争取时间，就需要使用带电灭火剂灭火，严禁使用具有导电性能的泡沫灭火剂带电灭火。带电灭火时，现场所有人员应防止电线断落后触及人体，人与带点体保持安全距离。

（10）充油电气设备着火时，应立即切断电源再灭火。地面上的油火不能用水喷射，以防油火漂浮水面而蔓延扩大。当火势较大，一时难以扑灭或可能引起严重后果时，应立即通知消防部门，不可延误时机。

（11）安全用电除应执行本交底外，还应按国家现行的《施工现场临时用电安全技术规范》（JGJ 46—2005）执行。

9.6 触电事故现场处置措施

9.6.1 触电事故类型

触电事故类型：分为电击事故和电伤事故

触电事故的危害程度：电流通过人体内部器官，会破坏人的心脏、肺部、神经系统，使人出现痉挛、呼吸窒息、心室纤维式颤动、心跳骤停甚至死亡。电流通过体表时，会对人体外部造成局部伤害，对人体外部组织和器官造成伤害，如电灼伤、金属溅伤、电烙印。

事故征兆：由于施工用电不规范或者违章作业，可能导致触电。触电者有疼痛发麻，肌肉抽搐，严重的会引起强烈痉挛。触电事故一般多发生在每年空气湿度较大的7、8、9月。

9.6.2 现场应急处置措施

（1）自救方法

如果一旦发生事故，现场又无人救援，此时务须镇静自救。在触电后的最初几秒内，人的意识并未完全丧失，触电者可用另一只手抓住电线绝缘处，把电线拉出，摆脱触电状态。

如果触电时电线或电气固定在墙上，可用脚猛蹬墙壁，同时身体往后倒，借助身体重量甩开电源。

（2）低压触电事故脱离电源方法

立即拉掉开关，拔出插销，切断电源。

如果电源开关距离较远，用有绝缘柄的钳子或用木柄的斧子断开电源线。或用木板等绝缘线插入触电者身下，已隔断流经人体的电流。

当电线搭落在触电者身上，可用干燥的衣服、手套、绳索、木板、木棍等绝缘物作为工具，拉开触电者及挑开电线是触电者脱离电源。

（3）高压触电事故脱离电源方法

立即通知有关部门停电。

戴上绝缘手套，穿上绝缘鞋用相应电压等级的绝缘工具拉开开关。

抛掷一端可靠接地的裸金属线使线路接地，迫使保护装置动作，断开电源。

当发现有人触电后，现场有关人员立即向周围人员呼救，采取相应的抢救措施，同时向项目部负责人报告。如有人受伤，应拨打120向急救中心取得联系，详细说明事故地点、严重程度、联系电话，并派人到路口接应。

（4）现场抢救触电者的原则

现场抢救触电者的经验原则是：迅速、就地、准确、坚持。

迅速——争分夺秒将触电者脱离电源。

就地——必须在现场附近就地抢救，病人有意识后再就近送医院抢救。

准确——人工呼吸的动作必须准确。

坚持——只要有百万分之一希望就要尽百分之百努力抢救。

（5）注意事项

触电事故发生后，必须不失时机地进行急救，动作迅速方法正确，是触电者尽快脱离电源是救治触电者的首要条件。

救护人员不可直接用手或其他金属及潮湿的构件作为救护工具，而必须使用适当的绝缘工具，救护人员要一只手操作以防自己触电。

防治触电者脱离电源后可能的摔伤，特别是当触电者在高处的情况下，应考虑防摔措施。即使触电者在平地，也要注意触电者倒下的方向，注意防摔。

如果事故发生在夜间，应迅速解决临时照明，已利于抢救，并避免扩大事故。

人触电后，会出现神经麻痹、呼吸中断、心脏停止跳动等现象，外表上呈现昏迷不醒的假死状态，不能马上送到医院时，应立即进行现场抢救，方法是人工呼吸和胸外心脏挤压法。

备齐必要的应急救援物资，如车辆、医药箱、担架、氧气袋、止血带、通信设备、照明器材等。

保护好事故现场，等待事故调查组进行调查处理。

10 施工现场消防安全管理

10.1 动火作业

10.1.1 动火区域划分

根据建筑工程选址位置，施工周围环境，施工现场平面布置、施工工艺、施工部位不同，其动火区域分为一、二、三级。

（1）一级动火区域（也称为禁火区域）：

1）建筑工程周围存在生产或储存易燃易爆品的场所，在防火安全距离范围内的施工部位；

2）油罐、油箱、油槽车和储存过可燃气体、易燃液体的容器以及连接在一起的辅助设备；各种受压设备；

3）施工现场内储存易燃易爆危险物品的仓库、库区；

4）施工现场木工作业处和半成品加工区；现场堆有大量可燃和易燃物质的场所；

5）在比较密封的室内、容器内、地下室等场所，进行配制或者调和易燃易爆液体和涂刷油漆作业。

（2）二级动火区域

1）在具有一定危险因素的非禁火区域进行用火作业；

2）登高焊接或者气割作业区；

3）砖木结构临时食堂炉灶处。

（3）三级动火区域；

1）无易燃易爆危险物品处的动火作业；

2）施工现场燃煤茶炉处；冬季燃煤取暖的办公室、宿舍等生活设施；、

3）在非固定的，无明显危险因素的场所进行用火作业。

10.1.2 动火证审批

动火证制度是消防安全的一项重要制度，动火作业前必须申请办理动火证，动火证必须注明动火地点、动火时间、动火人、现场监护人、批准人和防火措施。做到动火作业先申请，后作业，不批准，不动火。

（1）一级动火作业由所在单位行政负责人填写

动火申请表，编制安全技术措施方案，报公司保卫部门及消防部门审查批准后，方可动火。动火期限为1天。

（2）二级动火作业由所在工地、车间的负责人填写动火申请表，编制安全技术措施方案，报本单位主管部门审查批准后，方可动火，动火期限为3天。

（3）三级动火作业由所在班组填写动火申请表，工地、车间负责人及主管人员审查批准后，方可动火，动火期限为7天。

（4）古建筑和重要文物单位等场所动火作业，按一级动火手续上报审批。

10.2　火灾事故的定义和等级

凡失去控制并对财物和人身造成损害的燃烧现象，都为火灾。

按照一次火灾事故所造成的人员伤亡、受灾户数和财物直接损失金额进行统计。火灾划分为三类。

（1）具有下列情形之一的火灾，为特大火灾：死亡10人以上（含本数、下同）；重伤20人以上；死亡、重伤20人以上；受灾50户以上；直接财产损失 100 万元以上。

（2）具有下列情形之一的火灾，为重大火灾：死亡 3 人以上；重伤 10 人以上；死亡、重伤 10 人以上；受灾 30 户以上；直接财产损失 30 万元以上。

（3）不具有前列两项情形的火灾，为一般火灾。

10.3　防火检查

10.3.1　防火检查的内容

防火检查的内容，从施工单位来说，主要有以下几个方面：

（1）检查各级防火责任制、岗位责任制、各项防火安全制度执行情况；

（2）检查宣传贯彻有关消防方面的规章条例和技术规范是否落实；

（3）检查施工人员特别是外包工防火安全教育管理等情况；

（4）检查义务和专职消防队组织及活动情况；

（5）检查三级动火审批及动火证，操作证，防火档案资料是否齐全；

（6）检查消防设施，器材管理及使用情况；和建筑结构、平面布局、水源、道路是否符合防火要求；

（7）检查用火，用电和易燃易爆物品及其他重点部位生产、储存、运输过程中的防火安全情况；

（8）检查火险隐患整改情况；发生事故是否按"四不放过"原则进行处理。

10.3.2 防火检查的形式、方法

开展防火检查应采取经常性检查和季节性检查相结合，群众性检查和专门机关检查相结合，施工单位自查和主管领导部门抽查相结合的方法。

10.3.2.1 施工单位的自查

施工单位的自查，是在各单位防火负责人的领导之下，组织防火主管部门和安全、技术等有关部门以及防火管理人员、班组职工参加，共同进行检查。有三种形式：

（1）班组检查

以班组长为主，按照防火安全责任制和操作规程的要求，通过班组的安全员，义务消防员对班组所在的施工场所或是仓库等重点部位的防火安全进行检查。特别是班前、班后和交接班的检查，是及时发现和消除火险隐患最行之有效的方法。

（2）夜间检查

这种检查主要是依靠值班的管理人员、警卫人员和担任夜间施工；生产的工人，检查电源、火源和施工、生活场所所有无异常情况。

（3）定期检查

这种检查是根据施工的不同工程进度和不同季节的施工特点，同有关的安全、消防活动结合起来，由单位领导组织和参加，除了对所有部位进行普遍检查外，还应对防火重点部位进行重点检查。通过检查，解决一些平时难以解决的问题，这对及时堵塞漏洞，消除火险隐患有很重要的作用。

10.3.2.2 上级主管部门的检查

这种检查由施工单位的上级主管部门组织领导，通常有三种形式：

（1）互查

这种检查是把所属施工单位的防火负责人或防火主管部门以及安全、材料、技术、动力等部门管理人员组织起来，在各施工单位之间开展互相检查。

（2）抽查

这种检查主要是上级主管部门为了了解所属某一个或几个施工现场防火安全措施落实情况，以推动面上的防火安全工作。

（3）重点检查

这种检查是在上级领导的参加下，组织有关具有专业知识的管理人员，对施工技术性比较强的重点工程施工方案，防火安全技术措施进行检查验证。

10.3.2.3 消防监督机关的检查

这种检查，是由各级公安消防监督机关，按分级管理的范围来进行。一般由各级公安消防监督机关的消防监督员和派出所的民警以及公安特派员实施。

消防监督机关对所管的单位必须定期进行防火检查。在检查过程中，应与单位的领导、保卫、消防、安全技术干部以及有关技术人员紧密合作，在发现火险隐患后，要切实督促落实其整改措施。

10.3.2.4 地区性的联合检查

这种检查，由省、地、市、县人民政府或防火安全委员会组织。一般是在一年一度开展防火安全活动时，或冬春、麦收等季节组织各有关部门的力量进行。

10.3.3 火险隐患整改的要求

火险隐患是指在施工中、生产中、生活中有可能造成火灾危害的不安全因素。整改火险隐患，要本着既要保证安全又要便利生产的原则。

（1）对检查出来能立即整改的火险隐患，要求施工单位及时认真整改，不要拖延。

（2）对受经费、人员、设备、场地的条件限制，一时解决不了的火险隐患，检查人员应逐件登记、定项、定人、定措施，限期整改；并要建立档案、销案制度，改一件销一件。

（3）对一些重大的火险隐患，防火检查部门应该要发出重大火险通知书。对能够整改而又不认真整改的部门、单位，应根据有关法规，严肃处理。

（4）对遗留下来的一时确实无法解决的老大难火险隐患问题，应提请有关部门领导重视。在没有解决前，要采取一些必要的、临时性的补救措施，以保证安全。

10.4　施工现场的防火管理

10.4.1　一般规定

（1）施工现场的消防安全管理应由施工单位负责。

实行施工总承包的，应由总承包单位负责。分包单位应向总承包单位负责，并应服从总承包单位的管理，同时应承担国家法律、法规规定的消防责任和义务。

（2）监理单位应对施工现场的消防安全管理实施监理。

（3）施工单位应根据建设项目规模、现场消防安全管理的重点，在施工现场建立消防安全管理组织机构及义务消防组织，并应确定消防安全负责人和消防安全管理人，同时应落实相关人员的消防安全管理责任。

（4）施工单位应针对施工现场可能导致火灾发生的施工作业及其他活动，制订消防安全管理制度。消防安全管理制度应包括下列主要内容：

1）消防安全教育与培训制度；

2）可燃及易燃易爆危险品管理制度；

3）用火、用电、用气管理制度；

4）消防安全检查制度；

5）应急预案演练制度。

（5）施工单位应编制施工现场防火技术方案，并应根据现场情况变化及时对其修改、完善。防火技术方案应包括下列主要内容：

1）施工现场重大火灾危险源辨识；

2）施工现场防火技术措施；

3）临时消防设施、临时疏散设施配备；

4）临时消防设施和消防警示标识布置图。

（6）施工单位应编制施工现场灭火及应急疏散预案。灭火及应急疏散预案应包括下列主要内容：

1）应急灭火处置机构及各级人员应急处置职责；

2）报警、接警处置的程序和通讯联络的方式；

3）扑救初起火灾的程序和措施；

4）应急疏散及救援的程序和措施。

（7）施工人员进场前，施工现场的消防安全管理人员应向施工人员进行消防安全教育和培训。防火安全教育和培训应包括下列内容：

1）施工现场消防安全管理制度、防火技术方案、灭火及应急疏散预案的主要内容。

2）施工现场临时消防设施的性能及使用、维护方法。

3）扑灭初起火灾及自救逃生的知识和技能。

4）报火警、接警的程序和方法。

（8）施工作业前，施工现场的施工管理人员应向作业人员进行消防安全技术交底。消防安全技术交底应包括下列主要内容：

1）施工过程中可能发生火灾的部位或环节；

2）施工过程应采取的防火措施及应配备的临时消防设施；

3）初起火灾的扑救方法及注意事项；

4）逃生方法及路线。

（9）施工过程中，施工现场的消防安全负责人应定期组织消防安全管理人员对施工现场的消防安全进行检查。消防安全检查应包括下列主要内容：

1）可燃物及易燃易爆危险品的管理是否落实；

2）动火作业的防火措施是否落实；

3）用火、用电、用气是否存在违章操作，电、气焊及保温防水施工是否执行操作规程；

4）临时消防设施是否完好有效；

5）临时消防车道及临时疏散设施是否畅通。

（10）施工单位应依据灭火及应急疏散预案，定期开展灭火及应急疏散的演练。

（11）施工单位应做好并保存施工现场消防安全管理的相关文件和记录，建立现场消防安全管理档案。

10.4.2　可燃物及易燃易爆危险品管理

（1）用于在建工程的保温、防水、装饰及防腐等材料的燃烧性能等级应符合设计要求。

（2）可燃材料及易燃易爆危险品应按计划限量进场。进场后，可燃材料宜存放于库房内，如露天存放时，应分类成垛堆放，垛高不应超过2m，单垛体积不应超过 50m³，垛与垛之间的最小间距不应小于2m，且采用不燃或难燃材料覆盖；易燃易爆危险品应分类专库储存，库房内通风良好，并设置严禁明火标志。

（3）室内使用油漆及其有机溶剂、乙二胺、冷底子油等易挥发产生易燃气体的物资作业时，应保持良好通风，作业场所严禁明火，并应避免产生静电。

（4）施工产生的可燃、易燃建筑垃圾或余料，应及时清理。

10.4.3　用火、用电、用气管理

（1）施工现场用火应符合下列要求：

1）动火作业应办理动火许可证；动火许可证的签发人收到动火申请后，应前往现场查验并确认动火作业的防火措施落实后，再签发动火许可证。

2）动火操作人员应具有相应资格。

3）焊接、切割、烘烤或加热等动火作业前，应对作业现场的可燃物进行清理；作业现场及其附近

无法移走的可燃物应采用不燃材料对其覆盖或隔离。

4）施工作业安排时，宜将动火作业安排在使用可燃建筑材料的施工作业前进行。确需在使用可燃建筑材料的施工作业之后进行动火作业，应采取可靠的防火措施。

5）裸露的可燃材料上严禁直接进行动火作业。

6）焊接、切割、烘烤或加热等动火作业，应配备灭火器材，并应设置动火监护人进行现场监护，每个动火作业点均应设置1个监护人。

7）五级（含五级）以上风力时，应停止焊接、切割等室外动火作业；确需动火作业时，应采取可靠的挡风措施。

8）动火作业后，应对现场进行检查，并应在确认无火灾危险后，动火操作人员再离开。

9）具有火灾、爆炸危险的场所严禁明火。

10）施工现场不应采用明火取暖。

11）厨房操作间炉灶使用完毕后，应将炉火熄灭，排油烟机及油烟管道应定期清理油垢。

（2）施工现场用电应符合下列要求：

1）施工现场供用电设施的设计、施工、运行、维护应符合现行国家标准《建设工程施工现场供用电安全规范》（GB 50194）的要求；

2）电气线路应具有相应的绝缘强度和机械强度，严禁使用绝缘老化或失去绝缘性能的电气线路，严禁在电气线路上悬挂物品；破损、烧焦的插座、插头应及时更换；

3）电气设备与可燃、易燃易爆和腐蚀性物品应保持一定的安全距离；

4）有爆炸和火灾危险的场所，按危险场所等级选用相应的电气设备；

5）配电屏上每个电气回路应设置漏电保护器、过载保护器，距配电屏2m范围内不应堆放可燃物，5m范围内不应设置可能产生较多易燃、易爆气体、粉尘的作业区；

6）可燃材料库房不应使用高热灯具，易燃易爆危险品库房内应使用防爆灯具；

7）普通灯具与易燃物距离不宜小于300mm；聚光灯、碘钨灯等高热灯具与易燃物距离不宜小于500mm；

8）电气设备不应超负荷运行或带故障使用；

9）禁止私自改装现场供用电设施；

10）应定期对电气设备和线路的运行及维护情况进行检查。

（3）施工现场用气应符合下列要求：

1）储装气体的罐瓶及其附件应合格、完好和有效；严禁使用减压器及其他附件缺损的氧气瓶，严禁使用乙炔专用减压器、回火防止器及其他附件缺损的乙炔瓶。

2）气瓶运输、存放、使用时，应符合下列规定：

①气瓶应保持直立状态，并采取防倾倒措施，乙炔瓶严禁横躺卧放；

②严禁碰撞、敲打、抛掷、滚动气瓶；

③气瓶应远离火源，距火源距离不应小于10m，并应采取避免高温和防止曝晒的措施；

④燃气储装瓶罐应设置防静电装置。

3）气瓶应分类储存，库房内应通风良好；空瓶和实瓶同库存放时，应分开放置，两者间距不应小于1.5m。

4）气瓶使用时，应符合下列规定：

①使用前，应检查气瓶及气瓶附件的完好性，检查连接气路的气密性，并采取避免气体泄漏的措施，严禁使用已老化的橡皮气管；

②氧气瓶与乙炔瓶的工作间距不应小于5m，气瓶与明火作业点的距离不应小于10m；

③冬季使用气瓶，如气瓶的瓶阀、减压器等发

生冻结，严禁用火烘烤或用铁器敲击瓶阀，禁止猛拧减压器的调节螺丝；

④氧气瓶内剩余气体的压力不应小于0.1MPa；

⑤气瓶用后应及时归库。

10.4.4 其他施工管理

（1）施工现场的重点防火部位或区域应设置防火警示标识。

（2）施工单位应做好施工现场临时消防设施的日常维护工作，对已失效、损坏或丢失的消防设施，应及时更换、修复或补充。

（3）临时消防车道、临时疏散通道、安全出口应保持畅通，不得遮挡、挪动疏散指示标识，不得挪用消防设施。

（4）施工期间，不应拆除临时消防设施及临时疏散设施。

（5）施工现场严禁吸烟。

10.4.5 施工现场平面布置

（1）临时用房、临时设施的布置应满足现场防火、灭火及人员安全疏散的要求。

（2）下列临时用房和临时设施应纳入施工现场

总平面布局

 1）施工现场的出入口、围墙、围挡。

 2）场内临时道路。

 3）给水管网或管路和配电线路敷设或架设的走向、高度。

 4）施工现场办公用房、宿舍、发电机房、变配电房、可燃材料库房、易燃易爆危险品库房、可燃材料堆场及其加工场、固定动火作业场等。

 5）临时消防车道、消防救援场地和消防水源。

 （3）施工现场出入口的设置应满足消防车通行的要求，并宜布置在不同方向，其数量不宜少于2个。当确有困难只能设置1个出入口时，应在施工现场内设置满足消防车通行的环形道路。

 （4）固定动火作业场应布置在可燃材料堆场及其加工场、易燃易爆危险品库房等全年最小频率风向的上风侧，并宜布置在临时办公用房、宿舍、可燃材料库房、在建工程等全年最小频率风向的上风侧。

 （5）易燃易爆危险品库房应远离明火作业区、人员密集区和建筑物相对集中区。

 （6）可燃材料堆场及其加工场、易燃易爆危险品库房不应布置在架空电力线下。

256

（7）易燃易爆危险品库房与在建工程的防火间距不应小于15m，可燃材料堆场及其加工场、固定动火作业场与在建工程的防火间距不应小于10m，其他临时用房、临时设施与在建工程的防火间距不应小于6m。

10.5　建筑防火

10.5.1　一般规定

（1）临时用房和在建工程应采取可靠的防火分隔和安全疏散等防火技术措施。

（2）临时用房的防火设计应根据其使用性质及火灾危险性等情况进行确定。

（3）在建工程防火设计应根据施工性质、建筑高度、建筑规模及结构特点等情况进行确定。

10.5.2　临时用房防火

（1）宿舍、办公用房的防火设计应符合下列规定：

1）建筑构件的燃烧性能等级应为A级。当采用金属夹芯板材时，其芯材的燃烧性能等级应为A级。

2）建筑层数不应超过 3 层，每层建筑面积不应大于 300m²。

3）层数为 3 层或每层建筑面积大于 200m² 时，应设置至少 2 部疏散楼梯，房间疏散门至疏散楼梯的最大距离不应大于 25m。

4）单面布置用房时，疏散走道的净宽度不应小于 1.0m；双面布置用房时，疏散走道的净宽度不应小于 1.5m。

5）疏散楼梯的净宽度不应小于疏散走道的净宽度。

6）宿舍房间的建筑面积不应大于 30m²，其他房间的建筑面积不宜大于 100m²。

7）房间内任一点至最近疏散门的距离不应大于 15m，房门的净宽度不应小于 0.8m，房间建筑面积超过 50m² 时，房门的净宽度不应小于 1.2m。

8）隔墙应从楼地面基层隔断至顶板基层底面。

（2）发电机房、变配电房、厨房操作间、锅炉房、可燃材料库房及易燃易爆危险品库房的防火设计应符合下列规定：

1）建筑构件的燃烧性能等级应为 A 级。

2）层数应为 1 层，建筑面积不应大于 200m²。

3）可燃材料库房单个房间的建筑面积不应超

过 30m²，易燃易爆危险品库房单个房间的建筑面积不应超过 20m²。

4）房间内任一点至最近疏散门的距离不应大于 10m，房门的净宽度不应小于 0.8m。

（3）其他防火设计应符合下列规定：

1）宿舍、办公用房不应与厨房操作间、锅炉房、变配电房等组合建造。

2）会议室、文化娱乐室等人员密集的房间应设置在临时用房的第一层，其疏散门应向疏散方向开启。

10.5.3 在建工程防火

（1）在建工程作业场所的临时疏散通道应采用不燃、难燃材料建造并与在建工程结构施工同步设置，也可利用在建工程施工完毕的水平结构、楼梯。

（2）在建工程作业场所临时疏散通道的设置应符合下列规定：

1）耐火极限不应低于 0.5h。

2）设置在地面上的临时疏散通道，其净宽度不应小于 1.5m；利用在建工程施工完毕的水平结构、楼梯作临时疏散通道时，其净宽度不宜小于 1.0m；用于疏散的爬梯及设置在脚手架上的临时疏散通道，其净宽度不应小于 0.6m。

3）临时疏散通道为坡道，且坡度大于 25°时，应修建楼梯或台阶踏步或设置防滑条。

4）临时疏散通道不宜采用爬梯，确需采用爬梯时，应有可靠固定措施。

5）临时疏散通道的侧面为临空面，应沿临空面设置高度不小于 1.2m 的防护栏杆。

6）临时疏散通道设置在脚手架上时，脚手架应采用不燃材料搭设。

7）临时疏散通道应设置明显的疏散指示标识。

8）临时疏散通道应设置照明设施。

（3）既有建筑进行扩建、改建施工时，必须明确划分施工区和非施工区。施工区不得营业、使用和居住；非施工区继续营业、使用和居住时，应符合下列要求：

1）施工区和非施工区之间应采用不开设门、窗、洞口的耐火极限不低于 3.0h 的不燃烧体隔墙进行防火分隔。

2）非施工区内的消防设施应完好和有效，疏散通道应保持畅通，并应落实日常值班及消防安全管理制度。

3）施工区的消防安全应配有专人值守，发生火情应能立即处置。

4）施工单位应向居住和使用者进行消防宣传教育、告知建筑消防设施、疏散通道的位置及使用方法，同时应组织进行疏散演练。

10.6 施工现场灭火

10.6.1 灭火方法

10.6.1.1 窒息灭火方法

窒息灭火方法，就是阻止空气流入燃烧区或用不燃物质（气体）冲淡空气，使燃烧物质断绝氧气的助燃而使火熄灭。这种灭火方法，仅适应于扑救比较密闭的房间、地下室和生产装置设备等部位发生的火灾。

运用窒息法扑灭火灾时，可采用石棉布，浸湿的棉被、帆布、海草席等不燃或难燃材料覆盖燃烧物或封闭孔洞；用水蒸气、惰性气体或二氧化碳、氮气充入燃烧区域内；利用建筑物原有的门、窗以及生产贮运设备上的部件，封闭燃烧区，阻止新鲜空气流入，以降低燃烧区内氧气的含量，当空气中氧的含量降低到 14%~18% 时，燃烧即将停止。从而达到窒息燃烧的目的。此外，在万不得已且条件又允许的情况下，也可采用水淹没（灌注）的方法扑灭火灾。

10.6.1.2　冷却灭火法

冷却灭火法是扑救火灾常用的方法，即将灭火剂直接喷洒在燃烧物体上，将可燃物质的温度降低到燃点以下，以终止燃烧。

在火场上，除了用冷却法扑灭火灾外，在必要的情况下，可用冷却剂冷却建筑构件、生产装置、设备容器等，防止建筑结构变形造成更大的损失。

10.6.1.3　隔离灭火法

隔离灭火法，就是将燃烧物体与附近的可燃物质与火源隔离或正在散开，使燃烧失去可燃物质而停止。这种方法适用扑救各种固体、液体和气体火灾。

采取隔离灭火法的具体措施有：将燃烧区附近的可燃、易燃、易爆和助燃物质，转移到安全地点；关闭阀门，阻止气体、液体流入燃烧区；设法阻拦流散的易燃、可燃液体或扩散的可燃气体；拆除与燃烧区相毗连的可燃建筑物，形成防止火势蔓延的间距。

以上三种灭火方法均属物理灭火方法，所使用的灭火剂（或方法），在灭火过程中不参与燃烧过程中的化学反应。

10.6.1.4 抑制灭火法

抑制灭火方法，与前三种灭火方法不同。它是使灭火剂参与燃烧反应过程，使燃烧过程中产生的游离基消失，从而形成稳定分子或低活性的游离基，使燃烧反应停止。目前抑制法灭火常用的灭火剂有1211、1202、1301灭火剂。

10.6.2 灭火剂的分类

10.6.2.1 泡沫灭火剂

泡沫是一种体积较小，表面被液体围成的气泡群，是扑救易燃、可燃液体火灾的有效灭火剂。

泡沫灭火剂现有两种类型即化学泡沫和空气泡沫。化学泡沫是由两种化学泡沫粉的水溶液混合在一起，经化学反应生成的。空气泡沫是泡沫生成剂和水按一定比例混合，经机械作用，吸入了大量的空气而生成的，故称为机械空气泡沫或空气泡沫。

空气泡沫中有普通蛋白泡沫、氟蛋白泡沫、抗溶性泡沫、轻水泡沫，以及中倍数、高倍数泡沫。普通蛋白泡沫、中倍数泡沫、轻水泡沫和化学泡沫等主要用来扑救各种油类火灾；抗溶性泡沫主要用来扑救醇、醛、醚等有机溶剂火灾；高倍数泡沫主要用来扑救那些火源集中、泡沫易于堆积场合的火灾，如地下建筑、室内仓库、矿井巷道、机场设施等处的火灾。

随着我国消防科技的发展，泡沫灭火剂存在自身的缺点，已被性能优越的灭火剂替代，因此，不再详细介绍。

10.6.2.2　二氧化碳灭火剂

二氧化碳灭火剂在消防工作上有较广泛的应用。

二氧化碳气体，不燃烧，也不助燃，通过在燃烧区内稀释空气，减少空气的含氧量，从而降低燃烧强度。当二氧化碳在空气中的浓度达到30%～35%时，就能使燃烧熄灭。灭火用的二氧化碳是以液态灌装在钢瓶内，当从钢瓶内放出时，迅速蒸发，体积扩大400～500倍，同时温度急剧降低到－78℃。由于蒸发吸热作用，因此在二氧化碳灭火时还具有一定的冷却作用。

由于二氧化碳不导电、不含水分、不污损仪器设备等，故适用于扑救电气设备、精密仪器、图书档案火灾。但是由于二氧化碳与一些金属化合时，金属能夺取二氧化碳中的氧气而继续燃烧，故二氧化碳不能扑救金属钾、钠、镁和铝等物质的火灾。此外，二氧化碳也不易扑灭某些能够在惰性介质中燃烧的物质（如硝酸纤维）和物质内部的阴燃。

10.6.2.3 1211 灭火剂

使用 1211 灭火剂的轻便灭火器，有手提式 0.5kg、1kg、2kg、4kg、6kg 等数种，这类灭火器使用轻便，保养简单。平时只要放在阴凉、干燥、无腐蚀性气体存在的场所，就能长期有效。

1211 灭火剂不能用来扑救本身就可供氧的化学物质（如硝酸纤维等）和碱金属（钾、钠）以及金属氢化物的火灾。

10.6.2.4 化学干粉

干粉的种类很多，按使用范围分为如下几种：

（1）BC 类干粉

是以碳酸氢钠、碳酸氢钾、氯化钾为主要成分的化学干粉。适用于扑救易燃气体、液体和电气设备的火灾。

（2）ABCD 类干粉

是以硫酸铵、硫酸氢钾、磷酸二氢铵为主要成分的化学干粉，它适用于扑救多种火灾。

（3）D 类干粉

是以氯化钠、碳酸钠、硼砂为主要成分的化学干粉，适用于扑救轻金属火灾。

化学干粉存储在灭火器筒身内。在灭火时，由惰性气体加压，使化学干粉喷出，形成浓云般的粉雾，覆盖燃烧面，中断燃烧的连锁反应，达到灭火的目的。

化学干粉灭火剂应存放在通风、干燥处，温度应保持50℃以下。如干粉受潮结块，可放在干燥处自然晾干，也可在温度60℃以下受热干燥，然后研磨过筛，恢复原状后，即可继续使用。

10.6.3 消防器具

建筑施工现场常用的消防器具为消防水池、消防桶、消防锹、消防钩以及灭火器等。

10.6.3.1 消防水池

水是不燃液体，它是最常用，来源最丰富，使用最方便的灭火剂。

水在扑灭火灾中应用得最广泛，水的灭火作用是由它的性质决定的。

消防水池与建筑物之间的距离，一般不得小于10m，在水池的周围留有消防车道。

在冬季或者寒冷地区，消防水池应有可靠的防冻措施。

10.6.3.2 几种灭火器的性能、用途和使用方法

几种灭火器的性能、用途和使用方法见表10-1。

几种灭火器的性能和用途

灭火器种类	二氧化碳灭火器	四氯化碳灭火器	干粉灭火器	2111灭火器
规格	2kg以下 2～3kg 5～7kg	2kg以下 2～3kg 5～8kg	8kg 50kg	1kg 2kg 3kg
药剂	液态二氧化碳	四氯化碳液体，并有一定压力	钾盐或钠盐干粉，并有盛装压缩气体小钢瓶	二氟一氯一溴甲烷，并充填压缩氮
用途	不导电扑救电气精密仪器、油类和酸类火灾；不能扑救钾、钠、镁、铝物质火灾	不导电扑救电气设备火灾；不能扑救钾、钠、镁、铝、乙炔、二硫化碳火灾	不导电扑救电气设备火灾、石油产品、油漆、有机溶剂、天然气火灾，不宜扑救电机火灾	不导电扑救电气设备、油类、化工化纤原料初起火灾

灭火器种类	二氧化碳灭火器	四氯化碳灭火器	干粉灭火器	2111灭火器
效能	射程3m	3kg，喷射时间30S，射程7m	8kg，喷射时间4~8S，射程4.5m	1kg，喷射时间6~8S，射程2~3m
使用方法	一手拿喇叭筒对着火源，另一手打开开关	只要打开开关，液体就可喷出	提起圈环，干粉就可喷出	拔下铅封或横销，用力压下压把

10.6.3.3　施工现些灭火器的配备

（1）大型临时设施总平面超过 1200m² 的，应当按照消防要求配备灭火器，并根据防火的对象、部位，设立一定数量、容积的消防水池，并配不少于 4 套的取水桶、消防筑、消防钩。同时，要备有一定数量的黄沙池等器材、设施，并留有消防车道。

（2）一般临时设施区域，每 100m² 的配电室、动火处、食堂、宿舍等重点防火部位，应当配备两个 10L 灭火器。

（3）临时木工间、油漆间、机具间等，每 25m² 应配备一个种类合适的灭火器。油库、危险品仓库、易燃堆料场应配备足够数量、种类的灭火器。

10.6.4　火灾险情的处置

施工现场发生火灾时，建设单位和施工单位应当立即向公安消防机构报警，并迅速组织疏散人员，扑救火灾。应当根据公安消防机构的要求，为抢救人员、扑救火灾提供便利条件。火灾扑灭后，应当保护现场，接受事故调查，如实提供火灾的有关情况，并协助公安消防机构核定火灾损失、查明火灾原因和火灾事故责任。未经公安消防机构同意，不得擅自清理火灾现场。

11 施工现场文明施工管理

11.1 文明施工的总体内容

（1）《中华人民共和国建筑法》第四十一条规定"建筑施工企业应当遵守有关环境保护和安全生产的法律、法规的规定，采取控制和处理施工现场的各种粉尘、废气、废水、固体废物以及噪声、振动对环境的污染和危害的措施。"强调了施工单位的环境保护责任。

（2）《建设工程安全生产管理条例》第三十条明确规定施工单位应当遵守有关环境保护法律、法规的规定，在施工现场采取措施，防止或者减少粉尘、废气、废水、固体废物、噪声、振动和施工照明对人和环境的危害和污染。在城市市区内的建设工程，施工单位应当对施工现场实行封闭围挡。

（3）《建设工程施工现场环境与卫生标准》（JGJ 146-2013）2014年6月1日起施行。本标准2013年11月8日完成修订版发布。本标准主要内容：1）总则；2）术语；3）基本规定；4）绿色施工；5）环境卫生。本标准修订的主要技术内容是：1）增加"术语"章节；2）"基本规定"中增加关于职业健康的要求；3）"绿色施工"一章中增设"节约能源资源"章节，增加关于绿色施工的要求；4）"环境卫生"一章增加食品卫生相关要求。

（4）2012年7月1日正式实施的中华人民共和国行业标准《建筑施工安全检查标准》JGJ 59-2011中，对施工现场文明施工作出了详细规定。制定了文明施工标准，把文明施工作为考核安全目标的重要内容之一。

（5）按照《建筑施工安全检查标准》JGJ 59-2011文明施工检查评分表的检查项目，文明施工检查评定保证项目应包括：现场围挡、封闭管理、施工场地、材料管理、现场办公与住宿、现场防火。一般项目应包括：综合治理、公示标牌、生活设施、社区服务。

11.2 现场围挡、封闭管理、标牌设置

11.2.1 现场围挡

为便于施工管理，防止与施工作业无关的人员

进入施工现场，防止施工作业影响周围环境。施工现场必须采用封闭围挡，要求如下：

（1）在主要路段和市容景观道路及机场、码头、车站、广场设置的围栏其高度不得低于2.5m。

（2）在其他路段设置的围栏，其高度不得低于1.8m

（3）市政工地，可按工程进度分段设置围栏或按规定使用统一的连续的安全防护设施。

（4）围栏的材料，应采用砖墙（用砂浆抹光）、木板或瓦楞板等材料（砌筑60cm高的底脚并抹光）；不得采用竹笆、彩条布等。围挡要做到稳固，整洁美观。

（5）围挡外不得堆放建筑材料、垃圾和工程渣土。

（6）围挡的设置必须沿工地四周连续进行，不能有缺口或者个别处不坚固等问题。

11.2.2　封闭管理

（1）施工现场进出口应设置大门，有门卫室、设警卫人员，制定值班制度。

（2）施工现场工地的大门口设置企业标志，标明集团、企业的规范简称，工地内还须立旗杆，升挂集团、企业等旗帜。

（3）进入施工现场的工作人员应按规定佩戴工作标识卡。

11.2.3　施工现场标牌设置

大门口处应设置公示标牌，主要内容应包括：工程概况牌、消防保卫牌、安全生产牌、文明施工牌、管理人员名单及监督电话牌、施工现场总平面图；标牌应规范、整齐、统一；施工现场应有安全标语；应有宣传栏、读报栏、黑板报。

施工单位应当在施工现场入口处、施工起重机械、临时用电设施、脚手架、出入通道口、楼梯口、电梯井口、孔洞口、桥梁口、隧道口、基坑边沿、爆破物及有害危险气体和液体存放处等危险部位，设置明显的安全警示标志。安全警示标志必须符合国家标准。

生产作业场所必须设有机械操作岗位，设安全操作规程牌。

图牌应规格统一、位置合理、字迹端正、线条清晰、表示明确。各种安全警示标志设置后，未经施工单位负责人批准，不得擅自移动或者拆除。

11.3 施工场地、材料堆放、环境保护

11.3.1 施工场地

（1）施工现场内作为运输车辆通道的主要道路和施工的场地地面必须进行硬化处理。硬化处理可采取铺设混凝土、礁渣、碎石等方法。

（2）工地道路要平坦、畅通、整洁、无堆放物、无散落物。进入作业场所需有安全通道。场内道路应设置醒目的安全警示标志。限速标志。照明设施齐全达标准。

（3）施工现场应设置排水沟，水泥砂浆搅拌等湿作业现场要设置泥浆沉淀池，不得将未处理的泥浆水排入城市排水设施和河流。

（4）建筑工地排水应保持通畅，不得有积水。

（5）施工现场应设置专门的吸烟处，严禁随意吸烟。

（6）长期裸露的土质区域，南方地区四季要有绿化布置，北方地区温暖季节要有绿化布置，绿化实行地栽。

11.3.2 材料堆放

（1）建筑材料、设备器材、现场制品、半成品、成品、构配件等应严格按现场平面布置图指定位置堆放并挂上标牌，注明名称、品种、规格，建立收、发、存保管制度。

（2）特殊材料在使用和保存时应有相应的防尘、防火、防爆、防雨、防潮、防毒等措施。

（3）库房整洁，各类物品堆放整齐，过目能成数，账、卡、物三相符，有专人管理、有收、发、存管理制度。货架稳固整齐，库容整洁，道路畅通。

（4）易燃易爆物品应分类储藏在专用库房内，并应制定防火措施。

（5）建筑物内施工垃圾的清运，应采用器具或管道运输，严禁随意抛掷；工作面每日应做到工完料尽、场地清。对坠落浮着物要及时清理，严禁堆积建筑垃圾。

11.3.3 环境保护

（1）从事土方、渣土和施工垃圾运输应采用密闭式运输车辆或采取覆盖措施；施工现场、出入口处应采取保证车辆清洁的措施。

（2）施工现场的材料和大模板等存放场地必须平整坚实。水泥和其他易飞扬的颗粒建筑材料应密闭存放或采取覆盖等措施。

（3）土方应集中堆放。裸露的场地和集中堆放的土方应采取覆盖、固化或绿化等措施。禁止将有毒废弃物作土方回填。

（4）施工现场存放的油料、化学溶剂等应设有专门的库房，地面应有防渗漏处理。废弃的油料和化学溶剂应集中处理，不得随意倾倒。

（5）施工现场混凝土搅拌场所应采取封闭；安装喷水雾装置进行降尘措施。

（6）施工现场应设置密闭式垃圾站，施工垃圾、生活垃圾应分类存放，建筑物内施工垃圾的清运，处理高空废弃物，必须采用密封式的圈筒、相应容器、管道运输，或其他措施，不得从建筑物门窗、阳台等处向外倾倒残渣废料，严禁凌空抛掷扬尘。

（7）除设有符合规定的装置外，不得在施工现场熔融沥青或者焚烧油毡、油漆以及其他产生有毒烟尘和恶臭气体的物质；施工现场严禁焚烧各类废弃物。

（8）施工现场的机械设备、车辆的尾气排放应符合国家环保排放标准要求。

（9）拆除建筑物、构筑物时，应采用隔离、洒水等措施，并应在规定期限内将废弃物清理完毕。

（10）施工现场土方作业应采取防止扬尘措施。在大风天气里不得进行对环境产生扬尘污染的土方回填和转运作业。

（11）城区、旅游景点、疗养区、重点文物保护地及人口密集区的施工现场应使用清洁能源。清洁能源指燃气、油料、电力、太阳能等。

11.4 临时办公与生活设施

（1）施工现场应设置办公室、宿舍、食堂、厕所、盥洗室、淋浴间、开水间、文体活动室、职工夜校等临时设施。文体活动室应配备文体活动设施和用品。尚未竣工的建筑物内严禁设置宿舍。

（2）生活区、办公区的通道、楼梯处应设置应急疏散、逃生指示标识和应急照明灯。宿舍内宜设置烟感报警装置。

（3）施工现场应设置密闭式建筑垃圾站。办公区和生活区应设密闭式垃圾容器。生活垃圾应分类存放，并应及时清运、消纳。

（4）施工现场应配备常用药及绷带、止血带、担架等急救器材。

（5）宿舍内应保证有必要的生活空间，室内净高不得小于2.5m，通道宽度不得小于0.9m，住宿人员人均面积不得小于2.5m²，每间宿舍居住人员不得超16人。宿舍应有专人负责管理，床头宜设置姓名卡。

（6）施工现场生活区宿舍、休息室必须设置可开启式外窗，床铺不应超过2层，不得使用通铺。

（7）施工现场宜采用集中供暖，使用炉火取暖时应采取防止一氧化碳中毒的措施。彩钢板活动房严禁使用炉火或明火取暖。

（8）宿舍内应有防暑降温措施。宿舍内应设置生活用品专柜、鞋柜或者鞋架、垃圾桶等生活设施。生活区应提供晾晒衣物的场所和晒衣架。

（9）宿舍照明电源宜选用安全电压，采用强电照明的宜使用限流器，生活区宜单独设置手机充电柜或充电房间。

（10）食堂应设置在远离厕所、垃圾站、有毒有害场所等有污染源的地方。

（11）食堂应设隔油池，并应定期清理。

（12）食堂应设置独立的制作间、储藏间，门扇下方应设不低 0.2m 的防鼠挡板。制作间灶台及其周边应采取易清洁、耐擦洗措施，墙面处理高度应大于 1.5m，地面应做硬化和防滑处理，并应保持墙面、地面整洁。

（13）食堂应配备必要的排风和冷藏设施，宜设置通风天窗和油烟净化装置，油烟净化装置应定期清洗。

（14）食堂宜使用电炊具。使用燃气的食堂，燃气罐应单独设置存放间并应加装燃气报警装置，存放间应通风良好并严禁存放其他物品。供气单位资质应齐全，气源应有可追溯性。

（15）食堂制作间的炊具宜存放在封闭的橱柜内，刀、盆、案板等炊具应生熟分开。

（16）食堂制作间、锅炉房、可燃材料库房及易燃易爆危险品库房等应采用单层建筑，应与宿舍和办公楼分别设置，并应按相关规定保持安全距离。临时用房内设置的食堂、库房和会议室应设在首层。

（17）易燃易爆危险品库房应使用不燃材料搭建，面积不应超过 $200m^2$。

（18）施工现场应设置水冲式或移动式厕所，厕所地面应硬化，门窗应齐全并通风良好。厕位宜

279

设置门及隔板，高度不应小于0.9m。

（19）厕所面积应根据施工人员数量设置。厕所应设专人负责，定期清扫、消毒，化粪池应及时清掏。高层建筑施工超过8层时，宜每隔4层设置临时厕所。

（20）淋浴间内应设置满足需要的淋浴喷头，并应设置储衣柜或挂衣架。

（21）施工现场应设置满足施工人员使用的盥洗设施。盥洗设施的下水管口应设置过滤网，并应与市政污水管线连接，排水应畅通。

（22）生活区应设置开水炉、电热水器或保温水桶，施工区应配备流动保温水桶。开水炉、电热水器、保温水桶应上锁由专人负责管理。

（23）未经施工总承包单位批准，施工现场和生活区不得使用电热器具。

11.5 卫生与防疫、社区服务、综合治理

11.5.1 卫生与防疫

（1）办公区和生活区应设专职或兼职保洁员，并应采取灭鼠、灭蚊蝇、灭蟑螂等措施。

（2）食堂应取得相关部门颁发的许可证，并应悬挂在制作间醒目位置。炊事人员必须经体检合格并持证上岗。

（3）炊事人员上岗应穿戴洁净的工作服、工作帽和口罩，并应保持个人卫生。非炊事人员不得随意进入食堂制作间。

（4）食堂的炊具、餐具和公用饮水器具应及时清洗定期消毒。

（5）施工现场应加强食品、原料的进货管理，建立食品、原材料采购台账，保存原始采购单据。严禁购买无照、无证商贩的食品和原料。食堂应按许可范围经营，严禁制售易导致食物中毒食品和变质食品。

（6）生熟食品应分开加工和保管，存放成品或半成品的器皿应有耐冲洗的生熟标识。成品或半成品应遮盖，遮盖物品应有正反面标识。各种佐料和副食应存放在密闭器皿内，并应有标识。

（7）存放食品原料的储藏间或库房应有通风、防潮、防虫、防鼠等措施，库房不得兼作他用。粮食存放台距墙和地面应大于0.2m。

（8）当施工现场遇突发疫情时，应及时上报，并应按卫生防疫部门相关规定进行处理。

11.5.2　社区服务

（1）《建筑施工场界环境噪声排放标准》（GB 12523—2011）2012 年 7 月 1 日实施。"昼间"是指 6：00 至 22：00 之间的时段；"夜间"是指 22：00 至次日 6：00 之间的时段。建筑施工场界环境噪声排放限值：昼间 70dB（A），夜间 55dB（A）。

（2）施工现场的强噪声设备宜设置在远离居民一侧，并应防止噪音措施。可采用隔音吸声材料，使用低噪声设备等。

（3）对因生产工艺要求或其他特殊需要，确需在夜间进行超过噪声标准施工的，施工前建设单位应向有关部门提出申请批准后方可进行夜间施工。还应张挂安民告示牌，夜间施工一般指当日 22 时至次日 6 时（特殊地区可由当地政府部门另行制定）。

（4）夜间运输材料的车辆进入施工现场，严禁鸣笛，装卸材料应做到轻拿轻放。

（5）严禁在施工现场外草坪、绿地、道路和树林旁堆放物料，搭建临时设施及施工作业。

（6）施工期间应与所在辖区合作，开展共建文明活动切实落实各类施工不扰民措施，使建设工程成为爱民工程、便民工程。

11.5.3 综合治理

（1）有综合治理组织机构和治安保卫制度，签订治安管理责任书责任分解到人。

（2）落实治安防范措施，重点要害部位有防范措施和保卫执勤人员。杜绝失窃偷盗、斗殴赌博等违法乱纪事件。

（3）如施工单位与施工现场的外包队伍须签订治安综合治理协议书，加强法制教育。施工人员应遵守职业道德和社会公德。

（4）生活区内应设置供作业人员学习和娱乐的场所。文体活动室应配备电视机、书报、杂志等文体活动设施、用品。

（5）现场要有安全生产宣传栏、读报栏、黑板报，生活区内应设置环境卫生宣传标牌宣传教育用字须规范，不使用繁体字和不规范的词句。

12 季节性施工注意事项

12.1 寒冷季节施工

（1）凡遇雨雪冰冻天气，施工现场的道路、斜道、扶梯、平台等工作面上，必须及时扫清冰雪，做好防滑工作。

（2）任何人不准在现场明火取暖。如因工作需要使用焦炭炉或煤炉等进行升温时，必须事先办理申报审批手续，并加强防火措施，落实专人负责。为防止因生火、取暖发生煤气中毒事故，指定专人负责夜间巡视检查。检查火炉使用情况，是否有发生火灾、煤气中毒的危险。

（3）对架空的临时电线线路，要认真地检查和加固，严防因风雪的超载而发生线路倒塌等不测事故。

（4）为确保设备安全，非值班电工、操作工不准操作设备和电气装置。

（5）机械设备和施工车轮在进入冬季施工时，应进行一次换季保养，及时更换冬季专用燃油、润滑油、液压油、防冻液和蓄电池液等。对于长期停用的机械设备和施工车辆,应放净设备和容器内的存水,并逐台检查做好记录;对于正常使用的机械设备和施工车辆,工作结束停机后要求将设备内存水放净。

(6) 水泵停止使用前,应将水管提出水面,继续运转几分钟,以便排除泵内积水。

(7) 凡露天作业的机械、制动器等应遮盖完好,以免霜落下而发生打滑现象;电动机开关等电器设备,要加强遮盖和防潮。

(8) 遇到雨雪等恶劣天气时,要及时清除施工现场的积水、积雪,严禁雨雪和大风天气强行组织施工作业。

(9) 开展冬季行车安全教育,落实防冻、防滑、防雾和防火等具体措施,进一步提高驾驶员的冬季行车安全意识。遇严重冰雪路面要求加装防滑链、车辆行进中应保持行车距离,并适当拉长车距降低车速,防止尾追事故的发生。

(10) 挖土应符合下列规定:

1) 施工中遇有冻土时,应选择适宜的破冻土机械与开挖机械设备。

2) 施工严禁掏洞取土。

3) 路基土方开挖宜每日开挖至规定深度,并及时采取防冻措施。当开挖至路床时，必须当日碾压成活，成活面亦应采取防冻措施。

4）路堑的边坡应在开挖过程中及时修整。

（11）路基填方应符合下列规定：

1）铺土层应及时碾压密实，不得受冻。

2）填方土层宜用未冻、易透水、符合规定的土。气温低于−5℃时，每层虚铺厚度应较常温施工规定厚度小20%~25%。

3）城市快速路、主干路的路基不得用含有冻土块的土料填筑。次干路以下道路填土材料中冻土块最大尺寸不得大于10cm，冻土块含量应小于15%。

（12）沥青类面层施工应符合下列规定：

1）粘层、透层、封层严禁冬期施工。

2）城市快速路、主干路的沥青混合料面层严禁冬期施工。次干路及其以下道路在施工温度低于5℃时，应停止施工。

3）沥青混合料施工时，应视沥青品种、标号，比常温适度提高混合料搅拌与施工温度。

4）当风力在6级及以上时，沥青混合料不得施工。

5）贯入式沥青面层与表面处治沥青面层严禁

冬期施工。

（13）水泥混凝土面层施工应符合下列规定：

1）施工中应根据气温变化采取保温防冻措施。当连续5昼夜平均气温低于-5℃，或最低气温低于-15℃时，宜停止施工。

2）水泥应选用水化总热量大的R型水泥或单位水泥用量较多的32.5级水泥，不宜掺粉煤灰。

3）对搅拌物中掺加的早强剂、防冻剂应经优选确定。

4）采用加热水或砂石料拌制混凝土，应依据混凝土出料温度要求，经热工计算，确定水与粗细骨料加热温度。水温不得高于80℃；砂石温度不宜高于50℃。

5）搅拌机出料温度不得低于10℃，摊铺混凝土温度不得低于5℃。

6）养护期应加强保温，保湿覆盖，混凝土面层最低温度不得低于5℃。

7）养护期应经常检查保温、保湿隔离膜，保持其完好。并应按规定检测气温与混凝土面层温度。

8）当面层混凝土弯拉强度未达到1MPa或抗压强度未达到5MPa时，必须采取防止混凝土受冻的措施。

12.2　高温季节

（1）根据施工生产的实际情况，积极采取行之有效的防暑降温措施，充分发挥现有降温设备的效能，添置必要的设施，并及时做好检查维修工作。

（2）关心职工的生产、生活，注意劳逸结合，严格控制加班点，根据气温状况，适当调整作业时间，入暑前，抓紧做好高温、高空作业工人的体检，对不适合高温、高空作业的适当调换工作。

（3）现场准备必要的防暑保健药品，注意环境卫生，并保证室内通风良好，以及做好宿舍内防蚊虫叮咬的一些措施。

（4）合理调整作息时间，避开中午高温时间工作，严格控制工人加班加点，高处作业工人的工作时间适当缩短，保证工人有充足的休息和睡眠时间。

（5）易燃易爆物品加强管理，防止暴晒和高温引起的自燃自爆。

（6）日最高气温达到39℃以上时，当日应停止安排室外作业。

12.3　雨期施工

（1）各地区的防汛期，宜作为雨期施工的控制期。

（2）雨期施工应充分利用地形与既有排水设施，做好防雨和排水工作。

（3）施工中应采取集中工力、设备，分段流水、快速施工，不宜全线展开。

（4）雨中、雨后应及时检查工程主体及现场环境，发现雨患、水毁必须及时采取处理措施。

（5）路基施工应符合下列规定：

1）路基土方宜避开主汛期施工。

2）易翻浆与低洼积水地段宜避开雨期施工。

3）路基因雨产生翻浆时，应及时进行逐段处理，不得全线开挖。

4）挖方地段每日停止作业前应将开挖面整平，保持基面排水与边坡稳定。

5）填方地段应符合下列要求：

①低洼地带宜在主汛期前填土至汛期水位以上，且做好路基表面、边坡与排水防冲刷措施。

②填方宜避开主汛期施工。

③当日填土应当日碾压密实。填土过程中遇雨，应对已摊铺的虚土及时碾压。

6）雨后摊铺基层时，应先对路基状况进行检查，符合要求后方可摊铺。

7）石灰稳定土类、水泥稳定土类基层施工应符合下列规定：

①宜避开主汛期施工。

②搅拌厂应对原材料与搅拌成品采取防雨淋措施，并按计划向现场供料。

③施工现场应计划用料，随到随摊铺。

④摊铺段不宜过长，并应当日摊铺、当日碾压成活。

⑤未碾压的料层受雨淋后，应进行测试分析，按配合比要求重新搅拌。

8）在土路床上施工级配砂石基层，摊铺后宜当日碾压成活。

9）沥青混合料类面层施工应符合下列规定：

①降雨或基层有集水或水膜时，不得施工。

②施工现场应与沥青混合料生产厂保持联系，遇天气变化及时调整产品供应计划。

③沥青混合料运输车辆应有防雨措施。

10）水泥混凝土面层施工应符合下列规定：

①搅拌站应具有良好的防水条件与防雨措施。

②根据天气变化情况及时测定砂石含水量，准确控制混合料的水灰比。

③雨天运输混凝土时，车辆必须采取防雨

措施。

④施工前应准备好防雨棚等防雨设施。

⑤施工中遇雨时，应立即使用防雨设施完成对已铺筑混凝土的振实成型，不得再开新作业段，并应采用覆盖等措施保护尚未硬化的混凝土面层。

12.4 汛期以及台风季节

（1）结合现场实际情况，根据有关安全生产，文明施工及施工要求编制防汛防台安全技术措施。

（2）成立防汛防台小组，建立值班制度。台风期实行24小时值班，值班人员要严格遵守值班纪律，确保24小时通讯畅通，确保各项防汛信息的及时上报和各项指令的快速传递；值班人员要做好值班记录，认真履行岗位职责，及时上传下达相关事宜。

（3）委派专人负责气象信息的收集、整理、及时传达气象信息；并负责与公司以及上级主管部门联系。

（4）凡气象台发布特大暴雨、风暴或台风等警报，防台防汛小组应指挥各施工班组做好"防台防汛"各项准备工作。

（5）按要求准备好防台防汛物资，防台防汛物资不得随意挪用，并应经常进行检查。

（6）台风及汛前安排专人分工负责，对现场的临建设施（宿舍、食堂、办公用房、厕所等）、围挡墙、施工用电等项目进行重点检查和监控。

（7）六级以上大风天气应立即停止起重作业，停止登高作业。

（8）全面检查施工现场的各类临时用电设施、配电线路，严格实行三相五线制，确保做到三级配电、三级保护，各类配电设施的防雨设施防护完好；暴雨天气应立即切断总电源，并准备好应急照明器材。汛情过后，对配电系统进行全面的检查验收，符合安全要求后，方可送电施工。

（9）在汛期台风来临之前，全面检查临时设施安全情况，落实各防汛防台物资的准备，如排水设施，台风来临之前，有序地将现场临时宿舍内职工撤离到安全地点，并对室外轻质材料集中堆放并加以遮盖压牢处理。

（10）一旦发生险情和事故，应急预案领导小组成员应立即奔赴现场，组织抢险工作。若发现人员伤亡应及时组织抢救，并向上级领导及时汇报。

（11）台风过后，对现场各施工机具、用电线路、设施、安全设施进行检查，确保安全无隐患方可组织人员上岗作业。

13 城镇道路施工主要危险源及管理要点

13.1 钢筋成型加工

13.1.1 主要危险源

机械伤害、物体打击、触电。

13.1.2 管理要点

（1）钢筋切断机在运转中，严禁用手直接清除切刀附件的断头和杂物。钢筋摆动周围和切刀附近，非操作人员不得停留。

（2）钢筋弯曲机作业中，严禁进行更换芯轴、销子和变换角度以及调速等作业，亦不得加油或清扫。

（3）严禁在弯曲钢筋的作业半径内和机身不设固定销的一侧站人。

（4）钢筋调直及冷拉现场应设置防护挡板，作业时，非作业人员不得进入现场。

13.2 电焊动火作业

13.2.1 主要危险源

烫伤、火灾、触电。

13.2.2 管理要点

（1）电焊机应设置单独的开关箱，电焊工作业时应穿戴防护用品，施焊完毕，拉闸上锁。雨雪天应停止露天作业。

（2）在潮湿地点工作，电焊机应放在木板上，操作人员应站在绝缘胶板上或木板上工作。不得用钢丝绳、各种管道、金属构件等作为接地线。

（3）严禁在带压力的容器和管道上施焊。焊接带电设备时，必须先切断电源。

（4）贮存过易燃、易爆、有毒物品的容器或管道，焊接前必须清洗干净，将所有孔口打开，保持空气流通。

（5）氧气瓶、乙炔发生器受热不得超过35℃，距离5m以上，且应防止火花和锋利物件碰撞胶管。

（6）乙炔气管用后需清除管内积水。胶管回火的安全装置结冻时应用热水溶化，不得用明火烧烤。

（7）乙炔气瓶内气体严禁用尽，必须留有不低于下表规定的剩余压力。

剩余压力与环境温度关系　　表13-1

环境温度（℃）	<0	0~15	15~25	25~40
剩余压力（MPa）	0.05	0.1	0.2	0.3

（8）交流电焊机应安装二次空载降压保护器。

13.3　夜间施工

13.3.1　主要危险源

高处坠落、机械伤害。

13.3.2　管理要点

（1）施工现场夜间施工必须办理好相应的许可手续，设置必要的照明设施。

（2）扶梯处应有照明灯。

（3）施工中临时工程应有围栏，并悬挂红灯示警标志。

13.4　交通组织及不封闭交通施工

13.4.1　主要危险源

车辆伤害、物体打击、坍塌。

13.4.2　管理要点

交通组织方案包括占路施工时的交通倒改方案和断路施工时的交通导行方案。交通组织方案中必须含有交通渠化及分隔设施、道路照明、交通信号、标志（标线）等的设置以及与之相匹配的交通安全组织措施。交通组织方案须经交通管理部门批准后实施。交通组织方案的各个实施阶段，须经交通管理部门检查，验收认可。特殊时期或较大型的施工活动，应与交通管理部门取得联系，派警力配合。

社会车辆穿行施工现场

（1）穿行结构物

需在桥梁、人行天桥、施工支架等处设临时通行孔道时，应对其进行施工设计。通行孔道断面（净空-净高、净宽）应满足通行安全要求，通行孔道顶部必须设坚固、严密的防护棚盖。

通行孔道应等断面延伸至桥梁、支架等结构

外，其延伸长度应根据结构进出口上方可能坠落物的影响范围而定。

通行孔道两侧应设防护桩和警示标志，通行孔道两端应设限高、限宽标志和警示灯。

（2）跨越沟槽

应架设临时便桥。

（3）穿行施工道路应设围挡，形成通道。

行人穿行施工现场须设临时人行通道。人行通道的围护设施视具体情况，以确保人身安全为原则，当有落物危害时应设牢固的棚盖。

在社会道路上不断绝交通施工时，应设明显的维护设施，对作业人员应进行交通安全交底，作业人员应穿明显且具有反光标志的安全背心，并设专人疏导交通。夜间或阴暗时，必须加设警示灯。边通车、边施工路段两端及中途出入口处，应设专职人员指挥交通。

施工用机动车、轮式机械在社会道路上行驶，应遵守现行《中华人民共和国道路交通安全法》、《中华人民共和国道路交通安全法实施条例》的有关规定；在施工现场道路上行驶时，应遵守其限速等交通标识的管理规定。

交通协管员应经专业培训、着装上岗。

实施交通倒改方案时，须缜密组织，确保交通秩序正常、车辆与人身安全。

挖除旧路路基、路面路段一定安全距离外，应竖立显示正在施工的警告标志。改建施工作业范围的边缘，在夜间应悬挂红灯示警标志。

改建工程与通车相临的一侧或两侧，要用红白相间的栏杆等隔离设施进行隔离。

13.5 现场施工准备

13.5.1 主要危险源

建筑物倒塌、树木伐倒、火灾。

13.5.2 管理要点

（1）在伐树范围内应设置警戒，非工作人员不得在范围内逗留和接近范围。严禁放火焚烧树木、丛草和杂物。

（2）用推土机伐除大树或清除残墙断壁时，应提高着力点，防止其上部反向倒下。

（3）大风、大雾和雨天不得进行伐树作业。

（4）拆除作业前，应将与拆除物相连通的电线、水、气管道切断，并在四周危险区域内设置安全护栏，配以必要的警告标志，设置夜间警示灯，非工作人员不得进入。

（5）拆除工序应由上而下，先外后里，严禁数层同时作业。

（6）拆除梁、柱之前，应先拆除其承托的全部结构物，严禁采用掏空、挖切和大面积推倒的拆除方法。

（7）在高处进行拆除工程时，对拆下材料应用吊绳或者起重机及时吊下或运走，禁止向下抛掷。

13.6　土石方工程

13.6.1　主要危险源

坍塌、机械伤害、管线爆裂、交通事故。

13.6.2　管理要点

（1）开挖土方的操作人员，必须保持足够的安全距离；横向间距不小于 2m，纵向间距不小于 3m。

（2）取土坑四周应设围挡设施、危险警示标志，坑壁应放坡，坡率不陡于 1∶0.75，坑深超过 3m，应分级放坡。

（3）基坑开挖应做好临边防护、放坡或支挡工作，设警示标志。土方开挖必须自上而下顺序放坡进行，严禁采用挖空底脚的操作方法。

（4）机械在危险地段作业时，必须设置明显的警告标志，并有专人进行指挥。

（5）高陡边坡处施工作业人员必须绑系安全带，且必须挂牢。高边坡必须分级开挖分级防护，设置警示标志，严禁多级坡同时立体交叉作业。配备专职人员对边坡进行监视，防止上部塌方和物体坠落。

（6）滑坡地段及其挡墙基槽开挖作业，应从滑坡体两侧向中部自上而下进行，严禁全面拉槽开挖。

（7）沟槽（坑）回填时，必须在构筑物两侧对称回填夯实。

（8）运输车辆限速40km/h，有专人指挥倒土。

13.7 基层摊铺作业

13.7.1 主要危险源

机械伤害、车辆伤害。

13.7.2 管理要点

（1）轨道式摊铺机作业安全要点：

1）布料机与振平机组间应保持5～8m的

距离。

2）不得将刮板置于运动方向垂直的位置，不得借助整机的惯性冲击料堆。

（2）滑模式摊铺机作业安全要点：

1）调整机器的高度时，工作踏板、扶梯等处禁止站人。

2）下坡时，禁止快速行驶和空挡滑行，牵引制动装置必须置于制动状态。

3）禁止用摊铺机牵引其他机械。

4）夜间施工，滑模摊铺机上应有足够照明和警示标志。

5）滑模摊铺机停放在通车道路上时，周围应设置明显的安全标志，夜间应用红灯示警。

13.8 沥青混合料摊铺作业

13.8.1 主要危险源

高温烫伤、机械伤害、车辆伤害。

13.8.2 管理要点

（1）施工现场应安排专人指挥。

（2）施工作业区两端，设置明显路栏，夜间路栏上设置施工标志灯或反光标志。

（3）压实机械应安装倒车雷达设备。

（4）施工区域应实行交通管制，严禁非施工车辆及人员进入。

（5）半幅通车路段，车辆出入前方设置指示方向和减速慢行标志。半幅施工区与行车道之间设置红白相间的隔离栅。

（6）路面摊铺设备暂时停放，周围必须封闭，并设置警示标志（夜间须有发光或反光装置）和防护设施。

（7）沥青混凝土路面摊铺现场应配备急救箱，防止烫伤、中暑、中毒。

（8）半幅通车路段，在车辆驶入（出）前方应设置指示方向和减速慢行的标志。同时在施工作业区的两端及其延伸一定的安全距离外，设置明显的路栏、隔离墩等，夜间要在路栏上加设施工标志灯。半幅施工的路段不宜过长，一般以不超过 300 ~ 500m 为宜。

（9）在原地拆除旧桥（涵），重建新桥（涵）时，应先建好通车便桥（涵）或渡口。在旧桥的两端应设置路栏，夜间应在路栏上悬挂警示灯，并在路肩上竖立通向便桥或渡口的指示标志。